# SCHWERPUNKTE

## 20
### STAATSSTREICHE
### DER PERFEKTE PUTSCH

Wie ein Staatsstreich gelingt, ist bestens erforscht. Schwieriger, als die Macht zu erringen, ist es jedoch, sie zu behalten. Doch auch dafür gibt es Methoden.

## 50
### ORGANSPENDE WÄHREND CORONA
### ZEHN JAHRE WARTEN

Über 9.000 Menschen in Deutschland warten auf eine Transplantation, mitunter Jahre. Doch es fehlen Spenderorgane. Deswegen ist Deutschland auf Importe angewiesen. Die Leute hier würden zwar auch spenden – sagen es aber niemandem.

## 38
### RAUBKUNST AUS DEN KOLONIEN
### ALLES RECHTMÄSSIG GEKLAUT

Nur langsam setzen sich europäische Staaten mit ihrer kolonialen Vergangenheit auseinander. Dazu gehört, Unrecht und Verbrechen gegenüber den ehemaligen Kolonien anzuerkennen. Jahrzehntelang geführte Debatten um die Rückgabe afrikanischer Raubkunst zeigen jedoch, wie widerwillig das geschieht.

hier befinden sich afrikanische Kulturgüter — hier nicht

## Impressum

**VERLAG**
Katapult-Magazin gGmbH,
Walther-Rathenau-Straße 49A, 17489 Greifswald

**GESCHÄFTSFÜHRER/
CHEFREDAKTEUR**
Benjamin Fredrich, verantw. n. § 55 Abs. 2 RStV

**REDAKTION & GRAFIK**
Iris Becker, Jeremy Connor, Jonathan Dehn, Tim Ehlers, Alexander Fürniß, Kristin Gora, Patricia Haensel, Sebastian Haupt, Veliko Kardziev, Juli Katz, Jan-Niklas Kniewel, Anja Köneke, Sven Kosanke, Ole Kracht, Daniela Krenn, Felix Lange, Fahima Makanga, Tobias Müller, Iris Ott, Maximilian Rieck, Cornelia Schimek, Stefanie Schuldt, Andrew Timmins, Jasemin Uysal, Sebastian Wolter

**PRODUKTIONSLEITUNG**
Julius Gabele

**GEOINFORMATIK**
Sebastian Haupt, Jan-Niklas Kniewel

**LEKTORAT**
Philipp Bauer

**LAYOUT**
Tim Ehlers

**KATAPULT MV**
Philipp Bauer, Anna-Sophie Hansen, Andreas Lohner, Martje Rust

**KÜCHE**
Gladys Ababio, Luisa Nettelbeck, Khalil Shirzad, Matz Vollmer

**PROGRAMMIERUNG & IT**
Dirk Reske, Johann Schopplich, Steffen Teichmann, Johannes Váczi, Hendrik Wunderlich

**LESERSERVICE**
+49 176 56 99 89 44 (Mo-Fr 9-17.30 Uhr),
redaktion@katapult-magazin.de

**ANZEIGEN**
+49 176 56 99 89 44
redaktion@katapult-magazin.de

**AUFLAGE**
150.000

**DRUCK**
Westermann DRUCK | pva

**VERTRIEB**
IPS Pressevertrieb GmbH

**ISSN** 2509-3053
**ISBN** 978-3-948923-29-7

---

Richard Stickel

Alexander Garbe

Reise Know-How Verlag
Peter Rump GmbH

Carmen Faust

**UNTERSTÜTZER**
ab 50 Euro pro Monat

Wolfgang Hofmann

Richard Deiss

Frode Mo

Frank Otto

Marcus Sprenger

Jasper Schulz

Statistik über KATAPULT

## Abonnenten

Mitarbeiterinnen und Mitarbeiter
**40**

Auslandsabonnenten
**6.823**

nächste Ausgabe am
**24. September**

23.53

20.818

18.253

16.17

13.601

12.015

10.550

9.005

7.044

4.889

3.546

2.566

1.201

853

410

150

Ausgabe 1 2 3 4 5 6 7 8 9 10 11 12 13 14 15

# Tim Ehlers sucht seine Passwörter

In Greifswald gibt es jetzt eine neue Regionalzeitung. KATAPULT MV. Wir haben sie gerade erst gegründet und dafür ein eigenes Büro eingerichtet. Frau Hansen fragt mich, was es sonst noch Neues gibt. Ich sag: KATAPULT wird jetzt ein großer Multiladen. Wir gründen nicht nur die Regionalzeitung, wir kaufen auch 35.000-m²-Grundstücke, sanieren eine gesamte Schule, bauen ein Holzhaus und eine riesige Baumschule. Frau Hansen nickt und nimmt es hin. Währenddessen starrt Tim Ehlers verzweifelt auf den Monitor und sucht seine Passwörter.

Die erste Redaktionssitzung beginnt. Wir entscheiden, nicht nur über Politik und Wirtschaft zu schreiben, sondern auch über den ganzen anderen Klimbim: Liveberichterstattung über die hübschesten Karnickel und die merkwürdigsten Orte, aber auch über Kultur und Sport! Denn das war Layout-Andie sofort klar, »hier in MV, hier wird viel Sport gemacht!«

Im Ernst Leute, wie viel Spaß macht denn bitte schön eine Lokalzeitung?! Das wird riesengroß, wir werden die größte Lokalzeitung der Welt, meint Frau Hansen. Andie und ich, wir hören das und sagen gleichzeitig »Ja!«. In den nächsten Wochen kommen noch viele weitere Andies und Frau Hansens ins MV-Team und Tim Ehlers sucht immer noch seine Passwörter.

Was gibts sonst noch? Unsere Schule wird in einem Tempo saniert – so hab ich mir das immer vorgestellt! Im Oktober wollen wir schon einziehen. Dann haben zwei Million Euro weniger aufm Konto, aber dafür 2.000 m² Bürofläche, einen großen Sitzungsraum, eine Photovoltaikanlage, sauviel Platz für Café Karsten und eine Dachterrasse. Derzeit bauen wir auch Holzhäuser neben die Schule. Das Wichtigste aber werden die Hochsitze. Juli Katz hat sich nämlich überlegt, dass es viel schöner wäre, wenn die Einzelbüros nicht im großen Haupthaus sind, sondern auf Hochsitzen, wie man sie aus dem Wald kennt. Also los: Hochsitze bauen, Dämmung, Heizung, Tisch und Stuhl rein. Danach alle Hochsitze lose auf dem Grundstück verteilen – wie toll ist das denn?! Einen Hochsitz haben wir schon mal testweise gebaut und ausprobiert. Tim Ehlers war noch nicht drauf. Er sucht seine Passwörter.

## Die KATAPULT-Journalismusschule

Wenn die Schule erst mal fertig ist, wollen wir da auch sofort n Festival organisieren und ne Greifswalder Buchmesse hinschmettern, aber wir müssen abwarten, wie es mit Corona weitergeht. In der Zwischenzeit hatte ich mich kurz mal über einen Journalisten aufgeregt, der von der Springerakademie ausgebildet wurde. Aber was reg ich mich eigentlich auf? Warum mache ich es nicht einfach besser, wenn ich Springer doch so scheiße finde?

Deshalb kommt jetzt das Wichtigste, Größte und Bedeutendste, das wir bisher gestartet haben! Achtung: Wir gründen eine eigene Journalismusschule. In Greifswald. Bidde was? Ja genau, ganz genau das Gleiche wie die beknackten Ausbildungsstätten von Springer, Burda und Madsack – nur eben ohne die ganze Boulevardgrütze. Greifswald wird die neue Antiboulevard-Journalismushochburg. Wer hätte das gedacht? Ihr nicht? Ich auch nicht. Aber jetzt eben doch. Denn wisst ihr, was mir mal aufgefallen ist? Es gibt noch gar keine Journalismusakademie in Greifswald. Aber wartet mal, es gibt ja nicht mal eine in Mecklenburg-Vorpommern. Echt nicht? Nee! Und das Nächste haut euch um, das glaubt ihr im Leben nicht: Es gibt auch keine in Brandenburg, keine in Thüringen, keine in Sachsen-Anhalt.

Der Deutsche Journalistenverband listet genau 23 Journalistenschulen in Deutschland auf. Schätzt mal, wie viele davon in den neuen Bundesländern stehen. Na? Ideen? Tja! Es ist nur eine einzige. Und zwar in Leipzig. Wirklich nur eine alleine. Hart. Die Leute fragen sich, warum der Osten medial manchmal abkratzt und dann kommt raus, dass 4,3 Prozent unserer Journalismusschulen aus den neuen Bundesländern kommen. Was ist das für ein Mist, weite Teile des Landes ohne Schule? Wahnsinn. Diese eine Schule aus Leipzig ist im Vergleich zu denen von RTL, Burda und Springer relativ klein. Deshalb kommt jetzt unsere neue Schule dazu. In Greifswald und mit der Option, ab und zu in einem Hochsitz zu arbeiten. Springer bildet 40 Leute pro Jahr aus, also ist unser Ziel klar: 41.

Wie siehts qualitativ aus? In der KATAPULT-Journalismusschule lernt man nicht, wie man tendenziöse Fragen stellt und seine Interviewten veräppelt, sondern wie man schreibt, Grafiken baut, Statistiken liest, wissenschaftliche Methoden auswertet – und auch, wie man Kausalität von Korrelation trennt – und vielleicht auch, wie man programmiert und sich seinen eigenen Hochsitz aus Holz baut. Unser bald saniertes Schulgebäude wird wohl nicht reichen für 41 Schüler:innen, deshalb planen wir direkt, ein weiteres Gebäude neben die Schule zu bauen. Dicker, länger, höher!

**53.577**

**41.235**

**28.517**

## KATAPULT-Lokal für alle 16 Bundesländer

Was brauchen wir eigentlich für so eine Journalismusschule? Etwa sechs bis zehn Lehrer:innen und eine liebe Schuldirektorin. Was fehlt noch? Wissenschaftskooperationen. Ich frage hiermit offiziell an, ob die Uni Greifswald, die Fachhochschule Neubrandenburg und die FH Stralsund mit uns zusammenarbeiten wollen. Ich frage hiermit auch das Land MV hochoffiziell, ob es für so ein Projekt Unterstützung in Form von Moneten, also im Sinne von Penunsen, gibt. Sacht mal, gibts das? Ich fänds gut und würde auch Werbung für Meck-Vorb, also Mecklenpomm-Vorburger, machen!

Wozu brauchen wir die überhaupt, diese Journalismusschule? Nun – wenn KATAPULT MV erfolgreich bleibt, dann starten wir auch in den 15 übrigen Bundesländern eine Lokalausgabe. Aber dafür brauchen wir eben Journalist:innen, die mehr können, als sie normalerweise in Schulen lernen.

Brauchen wir die Journalismusschule nur für uns selbst? NEIN! Die Uni Zürich hat herausgefunden, dass Leute weniger wählen gehen, wenn Lokaljournalismus nicht vielfältig ist. Der Zusammenhang ist kausal. Das heißt, schwacher Lokaljournalismus gefährdet die Demokratie. Warum hat sich denn hier niemand um die neuen Bundesländer gekümmert? Das kann ja wohl nicht wahr sein. Also wenn ich als BRD die Gebiete der ehemaligen DDR dazubekommen hätte, dann hätte ich ja dort zuerst Journalismusschulen gebaut, um demokratische Strukturen zu stärken. Stattdessen lachen heute viele über das Wahlverhalten der Sachsen, Pommern und Brandenburger – vielleicht auch nicht nur über das Wahlverhalten. Was die aber nicht wissen, wir lachen bereits über uns selbst und bauen jetzt eigene Schulen – im Osten, besser und lustiger. Also freut euch mit uns und schmeißt wenigstens mal nen mittelgroßen Farbbeutel gegens Springerhhochhaus! Ich möchte hiermit die »Neue Ostdeutsche Selbstherrlichkeit« ausrufen. Das ist als historische Epoche gemeint. In dieser Epoche werden in allererster Linie Journalismusschulen gebaut.

Frau Hansen will dieses KATAPULT MV jetzt sogar richtig groß aufziehen. Sie schlägt vor, auch über den polnischen Teil der Insel Usedom zu berichten oder direkt mit Journalistinnen aus Westpolen zu kooperieren. Unsere polnischen Nachbarn sind uns doch näher als manche Bundesländer. Was für eine schöne Idee: Lokal kann eben auch international heißen. Das ist genial, sagt Andie. Ich nicke, so stark ich kann, und Tim Ehlers hat nicht zugehört. Er sucht seine Passwörter.

Diese Lokalzeitung wird übrigens nicht nur Bierkarten, Pommernwitze und Karnickelstorys veröffentlichen, sondern auch neuartige Recherchen durchziehen: Crowdsourcing, Geotagging und Massendatenauswertung. Das alles haben wir bereits festgelegt und damit begonnen – Frau Hansen, Andie und ich. Tim Ehlers noch nicht, und ich muss nicht sagen, warum nicht.

**KATAPULT**

> *Meiner Meinung nach ist Tim Ehlers komplett aus den Fugen. Doch dann packt er aus*

**Wie viele Ankündigungen hat dieser bescheuerte Text eigentlich?**
- KATAPULT MV ist neu, steil und genial.
- Wir gründen eine Journalismusschule!
- Tim Ehlers findet seine Passwörter nicht.

Eine Sache fehlt aber noch: Wir gründen »KATAPULT Kultur«. Haben wir (in Form von Julius Gabele) die letzten Monate schon vorbereitet. Literatur, Sport, Musik – die ganze Kultur als eigenes Statistikmagazin. Warum das denn jetzt noch? Wir halten es ohne nicht aus. Erst mal online und später auch gedruckt kommt das raus. Chefredakteur für »KATAPULT Kultur – Magazin für sogenannte Sachen« wird Julius Gabele sein, denn er ist mit Abstand der Beste auf dem Gebiet »Sachen«. Vielleicht wird es auch »Magazin für Kulturbums« heißen. Auf jeden Fall sagt Gabele, »der Content passt perfekt für die Insta-Bubble. Das ist alles relatable.« Seine Stärke: Er weiß ganz genau, welche Wörter gerade vom Partyvolk genutzt werden und welche nicht. Ich glaub, cringe und Boomer gehen gut, aber weird und scary sind schon lange wieder out – voll tüffig, der Gabele.

Es gibt sogar einen KATAPULT-Podcast in diesem KATAPULT Kultur. Der kommt von mir, weil ich eine schlechte Idee hatte: Wir essen die schärfsten Soßen der Welt und interviewen Leute, die ein Buch geschrieben haben, damit die mal aus sich rauskommen und ordentlich leiden. Einen leidenden Eckart von Hirschhausen, das wär doch ansehnlich! Den Piloten hab ich mit Passwort-Ehlers gedreht. Es ist direkt schiefgelaufen, also erfolgreich gewesen. Zu allem Überfluss haben das sechs Kameras gefilmt. Wir mussten abbrechen. Ich konnte nicht mehr, mein Hals ist mir weggefetzt und Ehlers hat sich gefreut. Dafür hat er dann aber den Folgetag komplett aufm Klo gewohnt und ich nicht. Freude. Sehr viel Freude!

**Womit niemand rechnet: Ehlers packt aus**

Wir sitzen seit einer Woche in unserem neuen Lokalbüro und eine Person sucht seit einer Woche ihre Passwörter. Immer noch. Meiner Meinung nach ist Tim Ehlers komplett aus den Fugen, aber immer wenn man das denkt, wenn man das Gefühl hat, er ist so richtig von der Rolle – dann kommen seine größten Momente, dann packt Ehlers aus, dann kommt Unerwartbares, dann sind alle baff, weil er eben ne richtige Ansage macht, einfach so, ohne Ankündigung, ganz aus dem Kalten eben.

»Verdammte Scheiße«, flüstert Tim Ehlers, »warum schreiben wir nicht einfach mal, dass Neubrandenburg die hässlichste Stadt der Welt ist?« Dann klicken alle rauf und wenn sie danach auf unserer Seite sind, zerstören wir alle Klischees des Ostens! Wir zeigen Neubrandenburg in seiner vollsten Schönheit, meint er. Gute Idee. Gesagt, gemacht. Was passiert dann? Wir merken, dass das keine gute Idee, sondern eine mörder Idee ist. Der Artikel explodiert komplett. Unser Server ist am Limit. Unfassbar viele Leute schicken uns Hunderte weitere schicke Neubrandenburg-Bilder. Sie schreiben uns kleine Texte, voller Stolz auf ihre Stadt. Und: Die hören einfach nicht mehr auf. Jeden Tag kommen weitere Bilder. Wie schön ist das denn, die hören echt nicht mehr auf?!

MV wird von außen oft belächelt, als abgehängt und zurückgeblieben angesehen, aber wenn man die Menschen hier richtig rum anspricht, entstehen die emotionalsten Situationen mit den schönsten Bildern. Wir sind angekommen. Das ist sie – DIE neue Ostdeutsche Selbstherrlichkeit, von der immer alle reden. Danke, Tim. ◾

**BENJAMIN FREDRICH**
*Chefredakteur*

# 80.471

# 79.107

Was ist denn bitte
schön hier los?
Keine Aboaktion seit
vier Monaten. Wir
brauchten ne Pause.

**Baukredit bei
der Sparkasse**

**2,5 Mio. €**

wird bei Rechnungstellung des
Bauunternehmers abschnittsweise
ausgezahlt und direkt
weitergeleitet

# 67.352

**Umsatz 2019**
**0,9 Mio. €**

**Umsatz 2020**
**2,6 Mio. €**
*Schätzung*

**voraussichtlicher
Umsatz 2021**

**4,0 Mio. €**

**geplanter
Gewinn 2021**

**0 €**

| | | |
|---|---|---|
| **Mitarbeitende insgesamt** 40 | **ausländische Mitarbeitende** 3 | **Mitarbeitende, die vorher schon in Greifswald wohnten** 16 |

**Warenwert KATAPULT-Lager**
3,2 Mio. €

**aktueller Kontostand**
169.462 €

**Anzahl der derzeitigen Klagen und Rechtsstreite**
0

Sucht immer noch seine Passwörter

Ultra-Transparenz
Ultra-Transparenz
Ultra-Transparenz
Ultra-Transparenz
Ultra-Transparenz
Ultra-Transparenz

**Kosten für dieses Magazin 150.000 Exemplare**
51.496 €
*brutto*

**Kosten für 35.000 m² Grundstücke**
500.000 €

**Einheitsgehalt Herbst 2018**
1.800 €

**Einheitsgehalt 2021**
3.150 €

# LESERMEINUNGEN

*Seid ihr behindert geworden oder was?*

zu „Ausländerwahlrecht"
von kenny_from_south.park via Instagram

*LASST EUCH BEHANDELN IHR KRANKEN GESCHÖPFE*

zu „Oktoberfest ist abgesagt"
von Meral Evren via Facebook

*Ihr seid der größte dreck! Hört auf Stimmung zu machen und respektiert die Polizei! Drecks Antifa Gesindel. Hoffe ihr geht pleite oder sonst was*

Privatnachricht auf Instagram

*Finde es echt schrecklich wie ihr euren Populismus in die Welt tragt!! Das braucht keiner*

Privatnachricht auf Instagram

*Euer Magazin kann ich dann wohl bald neben der Bildzeitung der SZ und der TA ebenfalls zum Hintern abwischen sobald die Toilettenpapierpreise steigen werden.*

zu „0,18 Prozent Coronainfizierte laut AfD"
Privatnachricht auf Facebook

*Ist wieder mies Katapult, das kaum einer in der Kommentarspalte auf eure manipulative white man shamingkacke (was anderes ist es nämlich würde nicht) reinfällt, wa?*

zu „Mehr Polizeigewalt in den USA"
von Daniel Nick via Facebook

*Verwendet richtige Zahlen ihr widerlichen Populisten*

zu „Wahrscheinlichkeit, vom Blitz getroffen zu werden"
Privatnachricht auf Instagram

*meinungsmache*

zu „Wer sich gerade weitreichend einschränken sollte"
von manuel.smk_ via Instagram

*Hey Katapultmagazin, wer finanziert euch, nascht ihr auch vom Honigtopf? Ihr seid schlichtweg Realität und Wissenschaftsverweigerer. Plumper Populismus und Hetze für die Schafe. Berichtet doch mal von den 300 Millionen Menschen die durch Lockdownmaßnahmen vom Hungertod betroffen sind.*

zu „Wer sich gerade weitreichend einschränken sollte"
von michael.hufnagel.3994 via Instagram

*Unlustig*

zu „Spaß mit Flaggen"
von luki.son_fotografie via Instagram

*Ihr hobs olle so an Knoll!!!!!!!! Dümmer geht immer oder??????*

zu „Esst Mehlwürmer"
von Christine Gasser via Facebook

*Ja naja wenn man keine Ideen mehr hat, dann muss man sich eben scheiße aus den Fingern Saugen.*

zu „Spaß mit Flaggen"
von saeeds.ghost via Instagram

*Schwachsinnige Berichterstattung*

zu „Legalität von Cannabis-Konsum"
von tom.badura via Instagram

*Den Post finde ich mal richtig scheiße liebes Katapult-Team. Wenns danach geht, müsste man das komplette Leben verbieten oder absagen!*

zu „Sexuelle Übergriffe am Oktoberfest"
von Klaus Dzudzek via Facebook

*traue keiner statistik die du nicht selbst gefälscht hast! hat katapult noch ander hobbys als wahlkampf für die grünen zu machen und denen ihre zahlen schön zu rechnen?*

zu „AfD will SUV"
von Hannes Luthardt via Facebook

*dieses Magazin katapultiert so manchen in links-grüne Ecke, komisch, oder?*

zu „Völkermord an Herero und Nama"
von til_rs3 via Instagram

*#katapultenteignen*

zu „Vermögensungleichheit in Deutschland"
von felixbrm_ via Instagram

*Katapultmagazin hat echt konsequent die schlechtesten Grafiken auf Instagram*

zu „EU-Länder, in denen mehr Frauen als Männer ermordet werden"
von nasinez via Instagram

*Könnte auch eine Karte zum Thema sein: Katapult sagt mit nichts.*

zu „Rassistischer Wohnungsmarkt"
von detail.dus via Instagram

*Ich melde euch jetzt ihr Hetzer*

zu „Frauenmorde in Österreich"
von Michael Blanc via Facebook

# KATAPULT

zuletzt erschienene Ausgaben und ausgewählte Themen

### N°18

Lärm als Umweltverschmutzung – Rammstein unter Wasser
Außenpolitik – Der Konflikt um die US-Stützpunkte auf Okinawa
Gleichstellung in der Politik – Mehr Thomasse als Bürgermeisterinnen
Militarisierter Umweltschutz – Grüne Krieger
Washington, D.C. – Machtlos im Machtzentrum
Studie – Männliche Wissenschaftler sind prahlerischer
Klimaflucht – Ein Staat geht unter. Wohin kommt das Volk?
Sexistische Sprachassistenten – Siri, du Schlampe!
Antiamerikanismus – Oberflächlich, überheblich, kriegslüstern und ungebildet
Barrierefreiheit – Fehler auf 98 Prozent der meistbesuchten Webseiten
Corona-Auswirkungen – Indiens Bauern finden neue Lieferwege während des Lockdowns
Spendenaktion – Iren bedanken sich nach 173 Jahren beim Choctaw-Volk
Studie – Frauen sind gut fürs Patriarchat
Uganda – Pflanze bedroht Menschen
Insel verschwindet – Frieden bricht aus
u. v. m.

### N°19

Buchmarkt – Dauerbrenner Buch
Mülltrennung – Schlechter als gedacht
Antiziganismus – Habt ihr auch Kanakensauce?
Reichtumsforschung – Unerforschte Oberschicht
Künstliche Intelligenz – David Bowie hilft gegen Gesichtserkennung
Diplomatie – Wo gibt es eigentlich die wenigsten Botschaften?
Antisemitismus – Ken Jebsen will Medien zum Schweigen bringen
Studie – Warum wir uns beim Sex verstecken
Umweltschutz – Haare retten Meere
Studie – Mehr Praxen, weniger Verbrechen
Beschneidung – Limo gegen Vorhaut
Spielsucht – Privatinsolvenz durch Tipp von Oliver Kahn
Plagiatsverdacht – Schlammschlacht unter Verlegern
Wahlrecht – Ein Drittel der Wiener darf nicht wählen
Studie – Wer einmal ausländerfeindlich ist, bleibt es auch
u. v. m.

### N°20

Studie – Frauen verdienen mehr, als sie zugeben
Wahlpflicht – Wenn alle wählen, verlieren die Populisten
Studie – In Tokio wohnen Reiche oben
Arbeitsmigration – Billiglöhner in Russland
Gesundheitsökonomie – 228.514 Dollar für einen Corona-Toten
Deutscher Handel und Kolonialismus in Afrika: Wie Geschäftsleute den Kolonialismus ermöglichten – und heute noch davon profitieren
Viel Wasser, wenig Miete – Meeresspiegelanstieg senkt Hauspreise
Wahlverhalten – Ein blaues Grätzel mitten im roten Ottakring
Nachrichtenkompetenz – Mein Lehrer glaubt das echt
Internet der Dinge – Gehackte Herzschrittmacher
Rechte Schüler – Hitlergruß auf dem Pausenhof
Buchpreisbindung – Warum das Buch trotzdem überlebt
Instagram – Dem Papst gefällt ein brasilianisches Model
Vereinigte Staaten – Der Mittlere Westen liegt im Osten
Corona – Vögel singen anders
u. v. m.

### N°21

Studie – Frauen wählten früher rechter
Dekolonisierung – Europas vergessene Migranten
Gründen im ländlichen Raum – Retterinnen gesucht!
Kurdische Bevölkerung in Deutschland – Eine Million Unsichtbare
Studie – Paramilitärische Truppen bedrohen Journalisten
Adolf in Weimar – Hitlers liebster Literaturhistoriker
Koloniale Spätfolgen – Mexiko-Stadt versinkt
Homosexualität in der Bundeswehr – Stellen frei im Hort der Männlichkeit
Kinderarbeit in der Kakaoindustrie – Machete statt Spielzeug
Mitteldeutscher Rundfunk – Wieso heißt der MDR nicht Ostdeutscher Rundfunk?
Prekäre Arbeitsbedingungen im Journalismus – Nicken bis zum Schleudertrauma
Schönheitsideale – Unmögliche Körper
Geopolitik in der Arktis – Machtkampf um die polare Seidenstraße
Unterwassertunnel – Mit dem Zug nach Afrika
Kein Betrieb – Das beste Kernkraftwerk der Welt
Tschüs Müll – Seegras filtert Plastik aus dem Meer
Kein Aber – Mehr Geld macht glücklicher
u. v. m.

Jahresabo nur 19,90 Euro

www.katapult.link/abo        Telefon +49 176 56 99 89 44        redaktion@katapult-magazin.de

# INHALT

- 4 **IMPRESSUM**
- 5 **EDITORIAL**
- 10 **LESERMEINUNGEN**
- 97 **QUELLEN**

14 **PABLO ESCOBARS NILPFERDE**
**TÖTEN ODER KASTRIEREN**

20 **STAATSSTREICHE**
**DER PERFEKTE PUTSCH**
Wie ein Staatsstreich gelingt, ist bestens erforscht. Schwieriger, als die Macht zu erringen, ist es jedoch, sie zu behalten. Doch auch dafür gibt es Methoden.

27 **NAMENSGEBUNG IN SCHWEDEN**
**GERT HEISST JETZT WIE SEINE TOCHTER**

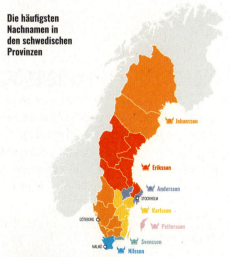

28 **STUDIE**
**KEINE ZEIT FÜR SICHERHEIT**
An den vielen Verkehrsunfällen in Ghana sind nicht nur die Fahrer schuld. Probleme des Transportsektors führen unweigerlich zu mehr Unfällen.

30 **NATURSCHUTZ DER NAZIS**
**VOGELKUNDE WIE BEI HITLER**
Rechter Naturschutz und rassistische Vogelnamen – das hat Tradition. Der Einfluss des nationalsozialistischen Heimatschutzes ist immer noch erkennbar und geht weit über Vogelnamen hinaus.

36 **ARCHÄOLOGIE**
**SAUALTE MATROSENZÄHNE**

38 **RAUBKUNST AUS DEN KOLONIEN**
**ALLES RECHTMÄSSIG GEKLAUT**
Nur langsam setzen sich europäische Staaten mit ihrer kolonialen Vergangenheit auseinander. Dazu gehört, Unrecht und Verbrechen gegenüber den ehemaligen Kolonien anzuerkennen. Jahrzehntelang geführte Debatten um die Rückgabe afrikanischer Raubkunst zeigen jedoch, wie widerwillig das geschieht.

49 **BREXIT-ABKOMMEN**
**FISCHKONFLIKT IM ÄRMELKANAL**

**50 ORGANSPENDE WÄHREND CORONA**
**ZEHN JAHRE WARTEN**

Über 9.000 Menschen in Deutschland warten auf eine Transplantation, mitunter Jahre. Doch es fehlen Spenderorgane. Deswegen ist Deutschland auf Importe angewiesen. Die Leute hier würden zwar auch spenden – sagen es aber niemandem.

**58 NATIONALISMUS IN UNGARN**
**ORBÁNS ENTTÄUSCHTE ARBEITER**

1989 bricht in Ungarn der Staatssozialismus zusammen, die Gesellschaft sehnt sich nach Wohlstand. Der bleibt aber aus. Stattdessen wird ein Großteil der Industrie vernichtet. Viele verlieren ihre Arbeit und geben den Linken die Schuld. Seitdem herrscht der Autokrat Viktor Orbán.

**68 SOCIAL SCORING**
**FLUGTICKETS NUR FÜR VORBILDLICHE BÜRGER**

Das ist in China normal. Doch überall auf der Welt sollen Zahlen Menschen einordnen – zum Beispiel in der Schule, im Beruf oder im Straßenverkehr. Inzwischen gibt es etliche komplexe Bewertungssysteme. Klingt fair? Kommt immer darauf an, wer sie erstellt und welche Daten für relevant erachtet werden. Weißt du genau, was die Schufa von dir hält?

Anteil überschuldeter volljähriger Verbraucher 2020

**76 STUDIE**
**ICH GEHÖRE NICHT ZUR UNTERSCHICHT!**

**78 ALKOHOL AM ARBEITSPLATZ**
**ACHT STUNDEN ARBEIT, ACHT GLÄSER SEKT. ODER WEIN. ODER SCHNAPS.**

In Deutschland sind über eine Million Erwachsene alkoholabhängig, viele arbeiten trotz ihrer Erkrankung. Bestimmte Berufsgruppen scheinen häufiger betroffen zu sein, entscheidender sind aber die individuellen Arbeitsbedingungen.

**84 ZIVILGESELLSCHAFT VS. PANDEMIE**
**FÜR IMMER NOTSTAND**

Hygienemaßnahmen, Versammlungsverbote und haftähnliche Quarantänezentren – während der Pandemie beschränkten politische Entscheidungen die Freiheit der Bürger:innen weltweit. So gesehen war das Corona-Jahr kein gutes für die Zivilgesellschaft. Ob sich das künftig ändert, ist unklar.

Staaten, in denen demokratische Strukturen seit Beginn der Pandemie geschwächt wurden

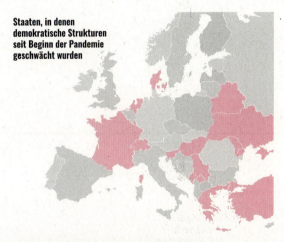

**90 ABWASSERNUTZUNG**
**DIE TOILETTE ALS ENERGIEQUELLE**

Die weltweite Abwassermenge wird in den nächsten dreißig Jahren um die Hälfte ansteigen – gleichzeitig fließen aber 80 Prozent aller Abwässer ungeklärt in die Natur. Moderne Kläranlagen könnten nicht nur die Abwassermengen reinigen, sondern auch Strom und Wärme liefern.

Tote durch verunreinigte Wasserquellen

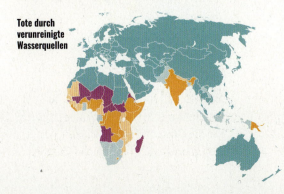

# FRAGMENTE

PABLO ESCOBARS NILPFERDE

## Töten oder kastrieren

Das empfehlen Wissenschaftler im Fachblatt »Biological Conservation«. Zumindest wenn es um die Nilpferde von Pablo Escobar geht. Der kolumbianische Drogenboss brachte in den Achtzigerjahren vier dieser Tiere in seinen privaten Zoo – mittlerweile ist die Population auf schätzungsweise 80 Tiere gewachsen. Ist doch süß? Leider nein. Sie breiten sich in freier Wildbahn aus und gefährden Mensch und Umwelt. Wenn nichts unternommen wird, werden sich die Tiere ungestört im Zentrum Kolumbiens vermehren. Nilpferde haben in der Region keine natürlichen Feinde. Dort stören sie weder Raubtiere noch Dürreperioden. Beides bremst die Ausbreitung der Tiere in ihrer ursprünglichen Heimat in Afrika.

Was also tun? Der Tötungsvorschlag wurde nicht zum ersten Mal gemacht. Eine regionale Umweltagentur hatte aber noch eine andere Idee: Langzeitverhütungsmittel für Großtiere. Deren Verabreichung könnte kompliziert werden. 2020 musste zuletzt ein Nilpferd mit einem Kran hochgehoben werden, um es zwölf Stunden lang zu kastrieren. Wenn nichts passiert, könnten 2030 bereits 150 Nilpferde durch Kolumbien streifen.

Verbreitung des Nilpferds

Pablo Escobars Nilpferde

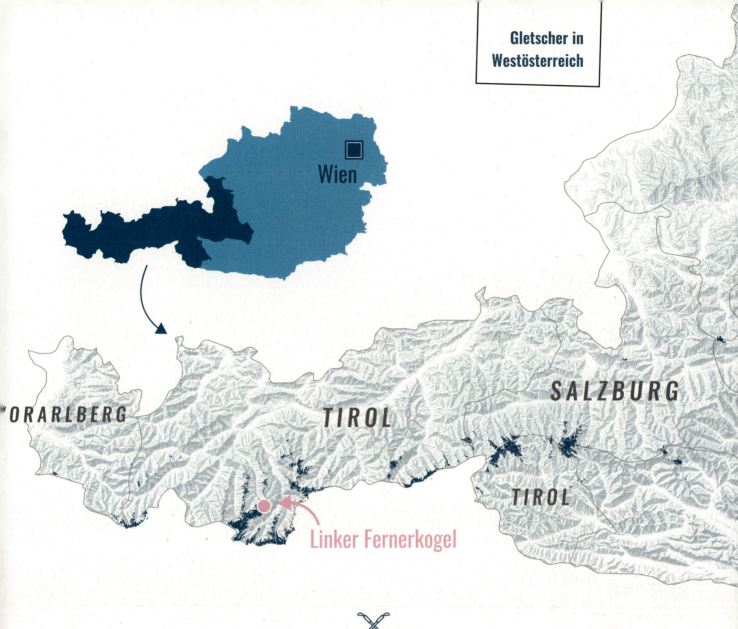

Gletscher in Westösterreich

Linker Fernerkogel

GLETSCHER IN ÖSTERREICH

# Sprengen fürs Skigebiet

Nichts ist den Tirolern wichtiger als Skifahren und die Berge. Außer es geht um den Skitourismus. Liftbetreiber wollen die beiden Gletscherskigebiete Ötztal und Pitztal verbinden. Es wäre nicht nur Europas höchstes, sondern auch größtes Skigebiet. Blöd nur, dass der Gipfel des Linken Fernerkogel im Weg steht. Der sollte nun gesprengt, oder wie die Unterstützer des Projekts es nennen: begradigt werden. Die Befürworter erhoffen sich davon mehr Tourismus, mehr Arbeitsplätze und weniger Abwanderung der einheimischen Bevölkerung. Die Kritiker sehen: einen massiven Eingriff in die Natur.

Derzeit liegt das Projekt auf Eis. Tirol wartet auf eine Umweltverträglichkeitsprüfung. Denn der Gletscher befinde sich 2020 bereits in einem ganz anderen Zustand als bei der Projekteinreichung 2016: Er schmilzt – wie so viele Gletscher weltweit. Gletscher sind nach den Ozeanen die größten Wasserspeicher der Welt. Sie enthalten rund 70 Prozent des weltweiten Süßwassers. Besonders die Alpenregionen sind von starker Gletscherschmelze betroffen. Die Gletscher des Ötz- und des Pitztals werden höchstwahrscheinlich auch ohne Eingriff bis 2050 verschwunden sein.

# FRAGMENTE

REKORDE BEIM BERGSTEIGEN

## 8.000 Meter hochgestiegen, Gipfel verpasst

Bisher haben nur 44 Menschen alle 14 über 8.000 Meter hohen Berge der Welt erklommen. Oder vielleicht auch nicht? Das fragt sich ein Team von Forschern und vergleicht mithilfe von Fotos und schriftlichen Aufzeichnungen die Position der Bergsteiger mit den tatsächlichen Berggipfeln. Bei rund der Hälfte dieser Achttausender gibt es einen Punkt, der zwar Ziel vieler Expeditionen ist – aber nicht der tatsächliche Gipfel. Der liegt manchmal auch 20 Meter höher, als die Bergsteiger angenommen haben. Die Forscher meinen deswegen: Es ist nicht unwahrscheinlich, dass bisher niemand alle Achttausender erklommen hat.

Woran liegt das? Zufall und Verwirrung. Oft ist es fast unmöglich, auf einem Bergrücken bei Schnee, Wind und Kälte den höchsten Punkt überhaupt zu erkennen. Genauso lassen beispielsweise Metallpfähle Kletterer im Glauben, das Ziel bereits erreicht zu haben. Dabei stehen sie dann kurz vor dem eigentlichen Gipfel. Und dann gibt's natürlich noch die Schummler.

FERNUNTERRICHT IN DEN USA

## Zoom statt Schneefrei

In New York City müssen Schulkinder an öffentlichen Schulen trotz Schneesturm in den Unterricht. Der Schulbezirk schafft das Konzept »Schneefrei« für das Schuljahr 2021/22 ab. Die Begründung: Der Unterricht könne unabhängig vom Wetter auch zu Hause stattfinden – das habe Corona ja gezeigt.

Mit dieser Entscheidung steht New York nicht alleine da. Fast 40 Prozent der Schul- und Bezirksleitungen in den USA haben sich angeschlossen und weitere 32 Prozent ziehen dies in Erwägung. Die öffentlichen Schulen in Mahwah Township in New Jersey sehen es anders. Schneefrei sei eine altehrwürdige Tradition, die allen Schulkindern zustehe. Denn Kinder sollten Kinder sein und diese ungeplanten freien Tage mit Erinnerungen füllen.

Ab wie viel Zentimetern Schnee fällt in den USA die Schule aus?

2014

❄ 60   ❄ 30   ❄ 15   ❄ 8   ❄ 2,5   ❄ **Was, es hat geschneit? Keine Schule!**

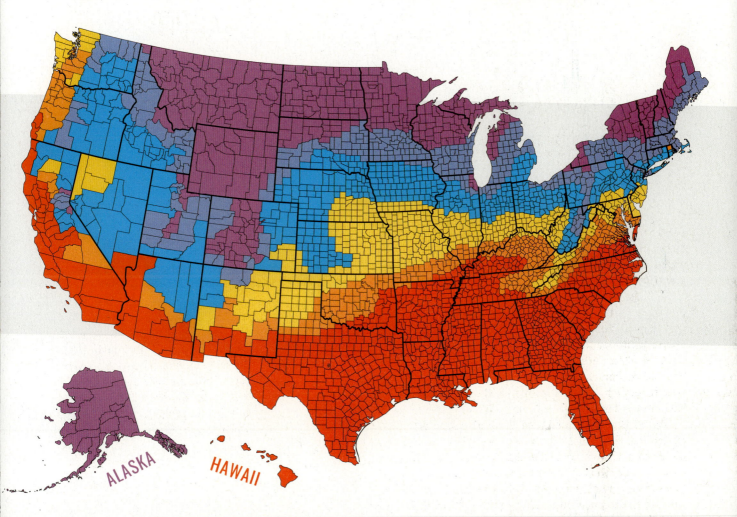

ALASKA   HAWAII

**Alle Achttausender**

| Manaslu | Nanga Parbat | Annapurna I | Gasherbrum I | Broad Peak | Gasherbrum II | Shishapangma |
|---|---|---|---|---|---|---|
| 8.163 m | 8.125 m | 8.091 m | 8.080 m | 8.051 m | 8.034 m | 8.027 m |

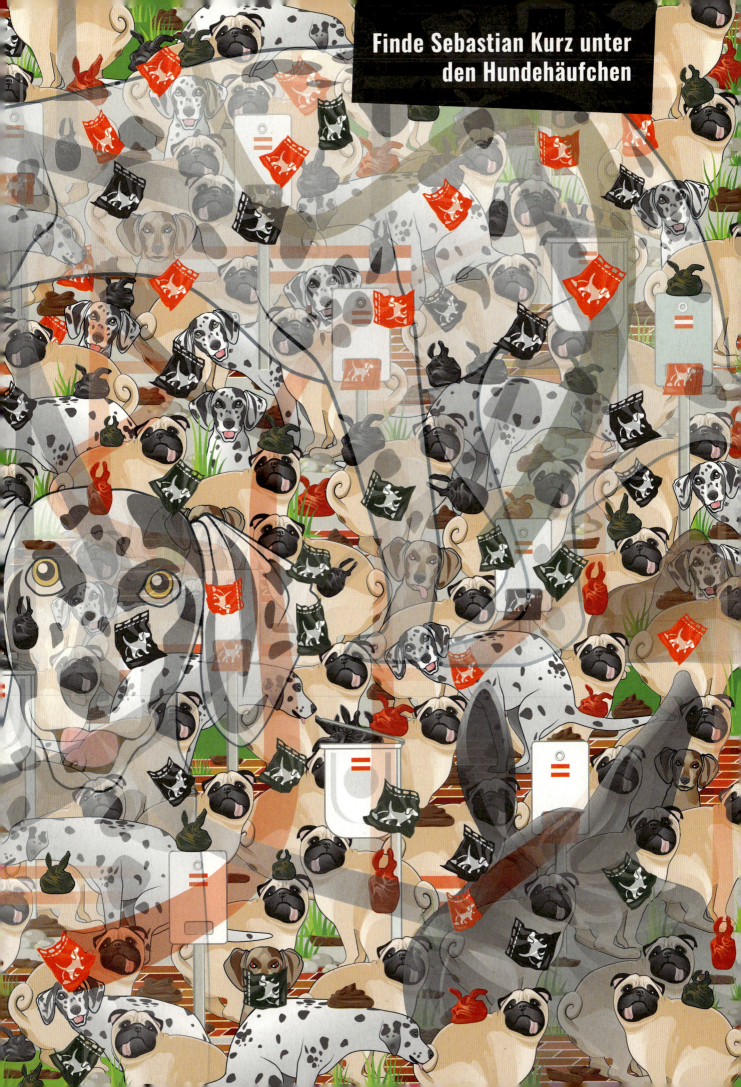

STAATSSTREICHE

# Der perfekte Putsch

**Wie ein Staatsstreich gelingt, ist bestens erforscht. Schwieriger, als die Macht zu erringen, ist es jedoch, sie zu behalten. Doch auch dafür gibt es Methoden.**

## VON JAN-NIKLAS KNIEWEL

In den frühen Morgenstunden des 1. September 1969 übernahm eine Gruppe libyscher Offiziere ohne großen Widerstand die Macht im Land. Panzer- und Lastwagenkolonnen mit Soldaten rollten in die Hauptstadt, umstellten die Hauptquartiere von Armee und Sicherheitspolizei, den Königspalast und den nationalen Radiosender. Häfen und Flughäfen wurden geschlossen, eine Ausgangssperre verhängt, die Polizei entwaffnet. Dann riefen die Soldaten die Libysche Arabische Republik aus. Der vorgesehene Thronfolger erklärte im Radio seinen Verzicht. Nicht nur die DDR und diverse arabische Diktaturen erkannten die neue Regierung rasch an, sondern auch westliche Staaten. Erdölimporte und Rüstungsgeschäfte waren wichtiger als der Schutz der libyschen Monarchie. Bald kristallisierte sich heraus, wer aus der Gruppe der Putschisten als Langzeitdiktator hervorgehen sollte: Muammar al-Gaddafi.[1]

Es war ein perfekter Staatsstreich wie aus dem Lehrbuch. Denn sogenannte Coups d'État verlaufen oft nach demselben Muster. Mindestens 237 erfolgreiche Versuche weltweit zählen die Politikwissenschaftler Jonathan Powell und Clayton Thyne zwischen 1950 und 2020.[2] Andere zählen im selben Zeitraum 253 Coups.[3] Hinzu kommen Hunderte weitere gescheiterte Versuche. Unterschiede in den Zahlen sind unter anderem auf leicht unterschiedliche Definitionen zurückzuführen. Wissenschaftliche Coup-Begriffe eint, dass sie Versuche von Militärs oder anderer Eliten *innerhalb* des Staatsapparates beschreiben, das amtierende Staatsoberhaupt beziehungsweise Regime mit verfassungswidrigen Mitteln zu stürzen.

Das Ende des Kalten Krieges markiert dabei einen Wendepunkt. Die Zahl der Coups nahm seither deutlich ab. Bis 1990 führten 40 Prozent der erfolgreichen Staatsstreiche allerdings lediglich dazu, dass eine Clique desselben Regimes eine andere ablöste. In den letzten drei Jahrzehnten geschah dies nur noch in etwa 30 Prozent der Fälle. Etwa ein Fünftel aller Coups wandte sich gegen demokratische Regierungen, 94 Prozent gingen vom Militär aus.[4] Politikwissenschaftler haben ausgiebig erforscht, welche Faktoren über Erfolg und Misserfolg entscheiden und wie man die Macht behält, nachdem man sie erst einmal ergriffen hat.

### Den Kreis der Mitwisser klein halten

Putschisten beginnen ihre Planungen zur Machtergreifung damit, potenzielle Unterstützer innerhalb des Staatsapparates zu rekrutieren. Sind ausgiebige Beratungen im Vorfeld möglich, kann der Putsch ohne sichtbare Truppenbewegungen oder Gewalt durchgeführt werden. Meist sind solche langwierigen Planungen jedoch riskant. Jede Kommunikation ist gefährlich und je größer der Kreis der Mitwisser, desto wahrscheinlicher ist ein Scheitern, weil etwas durchsickert. Deshalb wird die Anzahl der Verschwörer bei den meisten Putschversuchen auf einen sehr kleinen Kreis beschränkt. Sobald der Putsch dann beginnt, ist noch unklar, wie sich die große Mehrheit der Soldaten positionieren wird. Wichtigstes Ziel ist es nun, symbolische Machtzentren wie das Parlament oder den Präsidentenpalast zu besetzen. Priorität muss aber die Festnahme des Staats- beziehungsweise Regierungschefs haben. Dann gilt es, Fernseh- und Radiosender sowie Internetprovider zu übernehmen, um die Deutungshoheit über das

---

(1) Imhof, Isabelle: Ein Putsch ohne Blutvergiessen, auf: nzz.ch (1.9.2011); Time (Hg.): Textbook Coup in Desert Kingdom, auf: time.com (12.9.1969).

(2) Powell, Jonathan; Thyne, Clayton: Coups In The World, 1950-Present, auf: jonathanmpowell. com (2021).

(3) Carter, David; Wright, Joseph G.; Chin, John: The Colpus Dataset, auf: johnjchin. com (2020).

(4) Ebd.

KATAPULT

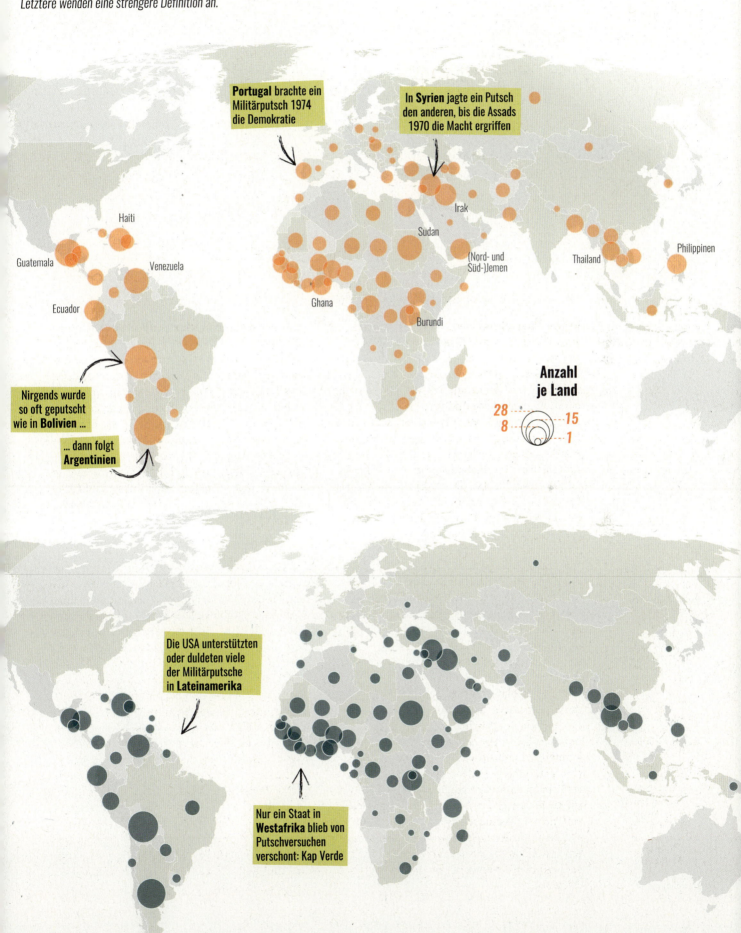

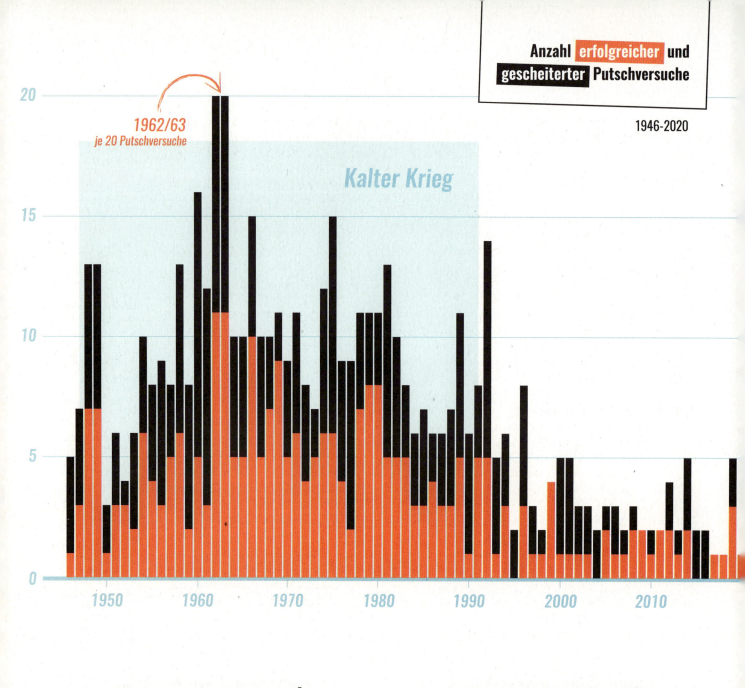

Geschehen zu gewinnen und eigene Ziele und Positionen zu kommunizieren. Denn die meisten Soldaten und Militärs werden sich der Seite anschließen, die gewinnversprechend erscheint. Ideologie und Inhalte sind zweitrangig.[5]

Ob ein Coup in gewaltsame Auseinandersetzungen zwischen Sicherheitskräften ausartet, ist maßgeblich von den Kostenabwägungen der Beteiligten abhängig. Gestürzte Führer und gescheiterte Putschisten verlieren ihr Amt, werden oft inhaftiert, ins Exil geschickt oder getötet. Militärs müssen zudem abwägen, inwiefern sie das Leben ihrer Untergebenen sowie Prestige und Zusammenhalt der Streitkräfte auf Spiel setzen. Ein geschwächtes Militär ist schließlich weniger effektiv darin, ausländische Aggressoren abzuschrecken oder die inländische Opposition zu unterdrücken.[6]

### Der perfekte Coup ist gewaltlos

Bei weniger als der Hälfte aller Coups kommt es unmittelbar zu tödlichem Blutvergießen. Staatsstreiche gegen zivile Regierungen verlaufen dabei häufiger gewaltsam als solche gegen Militärregime, wie die Politikwissenschaftlerin Erica De Bruin zeigt. Das liegt daran, dass Militärs besser einschätzen können, ob ein Putsch ihnen wirklich gefährlich werden kann. Zudem währen Militärdiktaturen sowieso kürzer als andere Typen von Autokratien. Militärherrscher verhandeln eher über ihren Machtverzicht, weil sie bessere Perspektiven haben. Sie haben einen hochrangigen, machtvollen Beruf, in den sie zurückkehren können.

Und tatsächlich werden Militärdiktatoren, nachdem sie ihre Macht durch einen Putsch verloren haben, weitaus seltener mit Exil, Gefängnis oder Tod bestraft als die abgesetzten Führer aller anderen Arten von Diktaturen. Sie werden etwa nur halb so oft getötet wie Monarchen oder die Elite von Einparteienregimen. Die Anführer von personalistischen Regimen – also solche, in denen die Macht sehr stark auf einen einzelnen Führer zugeschnitten ist – werden sogar dreimal so häufig getötet.[7] Der Anreiz militärischer Herrscher, sich um jeden Preis an ihr Amt zu klammern, ist also geringer – folglich wenden sie eher keine Gewalt an. Militärregime, die vor der Wahl stehen, einen Putsch mit Gewalt zu unterdrücken oder in die Kasernen zurückzukehren, entscheiden sich deshalb häufig für die zweite Option. Meist geschieht das auch, weil Militärregime zu dem Schluss gelangen, dass die Effektivität und Einheit des Militärs durch einen Verbleib an der Macht beschädigt werden könnte.

De Bruin zeigt auch, dass Militärputsche, die von Generälen geführt werden, seltener Todesopfer fordern als solche, die von rangniederen Soldaten oder Zivilisten initiiert werden. Denn Militärs haben besseren Zugang zu Informationen über die politischen Neigungen ihrer Kollegen und können mögliche Verbündete und Gegner besser ausfindig machen. Auch haben sie mehr Erfahrung beim Planen komplexer militärischer Operationen. Wer in der Hierarchie weiter unten steht, begeht hingegen eher taktische Fehler. Auch wird das Aufbegehren rangniederer Soldaten von ihren Vorgesetzten als unmittelbare Bedrohung der eigenen Autorität betrachtet, was brutale Strafen nach sich ziehen kann.[8]

### Militärs lässt man selten verschwinden

Welche mögliche Konsequenzen ein Putschversuch für die Verschwörer hat, gilt es ebenfalls im Vorfeld eines Coups abzuwägen. Wer eine Militärkarriere hinter sich und nah am Zentrum der Macht agiert hat, besitzt Vorteile. Die Politikwissenschaftlerin Fiona Shen Bayh hat die Fälle von 2.563 Personen untersucht, die sich zwischen 1957 und 1994 in sieben afrikanischen Staaten vergeblich an Regierungsumstürzen versucht haben. Wer wurde vor Gericht gestellt und wen ließ man einfach verschwinden? Shen Bayhs Daten zeigen ein klares Muster: Die größten Chancen auf einen Prozess hatten Militärs, die sich gegen die Regierung gewendet hatten. Überdies wurden nur sieben Prozent der ohne Prozess Weggesperrten begnadigt. Auf der anderen Seite konnten über 70 Prozent derer, die zuvor vor Gericht gestanden hatten, mit einer Begnadigung rechnen.[9]

Gemeinhin werden Putsche mit Militärs verbunden, die brutale Diktaturen errichten und Dissidenten verschwinden lassen. Das ist jedoch nicht das gesamte Bild. Putsche in Diktaturen können bisweilen auch zu einer Demokratisierung führen.

### Vom Putsch zur Demokratie

Das bekannteste Beispiel dürfte die portugiesische Nelkenrevolution sein. Im April 1974 putschten linksgerichtete Soldaten gegen die seit vier Jahrzehnten herrschende Diktatur des Estado Novo. Exakt ein Jahr später fanden freie Wahlen statt. Seither ist das kleine Land am Atlantik eine stabile Demokratie. Das gilt auch anderswo. Seit dem Ende des Kalten Krieges hat sich der Anteil der erfolgreichen Staatsstreiche in Autokratien, die binnen zwei Jahren zu einer Demokratisierung des Staates führten, fast verdreifacht. Einige Wissenschaftler argumentieren deshalb, dass Coups gut für die Demokratie sein können – zumindest in Autokratien. Denn nach dem Sturz eines Regimes seien Wahlen ein gutes Mittel, um rasch politische Legitimität herzustellen, um dem nächsten Putsch vorzubeugen.[10] Selten sind sich die Anführer von Coups dabei einig, in welche Richtung sie

---

(5) De Bruin, Erica: Will there be blood? Explaining violence during coups d'état, in: Journal of Peace Research, (56)2019, Nr. 6, S. 3.

(6) Ebd., S. 3f.

(7) Geddes, Barbara; Wright, Joseph; Frantz, Erica: Autocratic breakdown and regime transitions: A new data set, in: Perspectives on Politics, (12)2014, Nr. 2, S. 321; De Bruin 2019, S. 4f.

(8) De Bruin 2019, S. 5f.

(9) Shen Bayh, Fiona: Strategies of Repression: Judicial and Extrajudicial Methods of Autocratic Survival, in: World Politics, (70)2018, Nr. 3, S. 340f., 344.

(10) Thyne, Clayton; Powell, Jonathan: Coup d'état or Coup d'Autocracy? How Coups Impact Democratization, 1950-2008, in: Foreign Policy Analysis, (12)2016, Nr. 2, S. 197.

(11) Thyne, Clayton; Hitch, Kendall: Democratic versus Authoritarian Coups: The Influence of External Actors on States' Postcoup Political Trajectories, in: Journal of Conflict Resolution, (64)2020, Nr. 10, S. 13, 19.

(12) Derpanopoulos, George u.a.: Are coups good for democracy?, in: Research and Politics, 2016, S. 2.

(13) Albrecht, Holger; Eibl, Ferdinand: How to Keep Officers in the Barracks: Causes, Agents, and Types of Military Coups, in: International Studies Quarterly, (62)2018, Nr. 2, S. 1.

(14) Saleh, Yassin al-Haj: The Impossible Revolution: Making Sense of the Syrian Tragedy, London 2017, S. 102.

(15) Nassif, Hicham B.: »Second-Class«: The Grievances of Sunni Officers in the Syrian Armed Forces, in: Journal of Strategic Studies, (38)2015, Nr. 5, S. 647-649.

(16) Nassif, Hicham B.: Endgames: Military Responses to Protest in Arab Autocracies, Cambridge 2020, S. 154.

(17) De Bruin, Erica: Preventing Coups d'État: How Counterbalancing Works, in: Journal of Conflict Resolution, 2017, S. 6, 20.

das Land steuern wollen; oft eint sie vor allem die Ablehnung der bestehenden Regierung. Ausländische demokratische Mächte könnten deshalb maßgeblichen Einfluss darauf nehmen, in welche Richtung sich ein Staat nach einem Putsch orientieren wird – doch meist mischen sich vor allem Autokratien unterstützend ein.[11]

In den meisten Fällen führen Coups jedoch immer noch dazu, dass eine Autokratie eine andere ablöst. Ein Team amerikanischer Politikwissenschaftler untersuchte 49 Putschversuche in Diktaturen zwischen 1989 und 2015 und fand darunter nur einen, bei dem das Ausmaß staatlicher Repression, gemessen an der Zahl durch die Regierung getöteter Zivilisten, im Jahr nach dem Umsturzversuch abnahm. Oft nahm die Gewalt stattdessen zu.[12]

### Wie man einen Putsch verhindert

Ist die Macht erst einmal ergriffen, muss sie auch bewahrt werden. Doch wie verhindert man einen Coup? Ein Mittel, um das Risiko von Putschen ranghoher Militärs zu verhindern, sind hohe Verteidigungsausgaben. Höhere Sozialausgaben wiederum reduzieren das Couprisiko durch rangniedrigere Soldaten. Das zeigt eine Studie der Politologen Holger Albrecht und Ferdinand Eibl am Beispiel Nordafrikas und des Nahen Ostens. Eine politische Liberalisierung ist riskant: Sie erhöht das Risiko eines Putsches durch die Führung der Streitkräfte, reduziert jedoch die Gefahr eines Coups durch einfache Soldaten.[13]

Der syrische Diktator Hafiz al-Assad hingegen besetzte nach seinem erfolgreichen Putsch 1970 zentrale Positionen innerhalb der Armee mit Gefolgsleuten und Verwandten. So garantierte er, dass die Loyalität der Führung der Streitkräfte zuvorderst ihm gelten würde. Auch wurden Kommandostrukturen so verändert, dass diese stets konfessionell durchmischt waren. Gehörte ein Kommandant der Religion X an, musste sein Stellvertreter Religion Y haben und der Sicherheitsoffizier der Einheit Religion Z. So sollte stetes Misstrauen herrschen und vereintes Handeln gegen die Regierung unmöglich gemacht werden.[14] Dabei setzte er – und verstärkt sein Sohn und Nachfolger Bashar – auf Angehörige der eigenen Konfession. Vor dem Volksaufstand 2011 besetzten diese fast alle Führungspositionen im Militärapparat.[15] Mit solchen künstlichen Barrieren arbeiten viele Regime, doch sie können auch die Effektivität der Streitkräfte negativ beeinflussen.

Eine weitere Methode ist das sogenannte Counterbalancing. Dabei werden dem Militär andere, rivalisierende Sicherheitskräfte gegenübergestellt, die dem Regierungschef besonders nahestehen und diesem oft unmittelbar unterstellt sind. Auch Syrien setzt zusätzlich auf dieses Modell in Form der Republikanischen Garden sowie diverser Geheimdienste.[16] Beispiele aus anderen Ländern sind die Bolivarische Miliz in Venezuela, die Republikanische Garde von Saddam Hussein im Irak und Wladimir Putins Nationalgarde. Durch materielle Zuwendungen wird beispielsweise eine besondere Loyalität der Beteiligten erkauft, oder die Einheiten werden mit Angehörigen derselben Partei, Religion oder Ethnie besetzt.

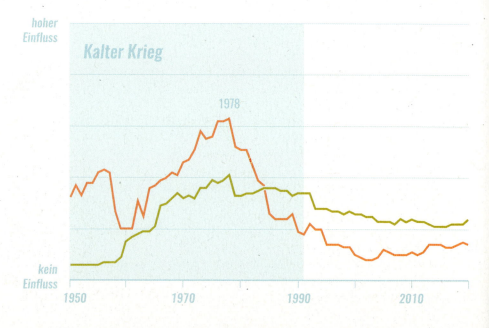

**Einfluss des Militärs auf die Regierungsbildung**

/ in Südamerika
/ in Subsahara-Afrika

Der Index basiert darauf, ob der Regierungschef (a) durch einen Putsch, eine Rebellion oder durch das Militär ernannt wurde und (b) durch das Militär abgesetzt werden kann.

## Demokratie und Militärputsche in ausgewählten Ländern

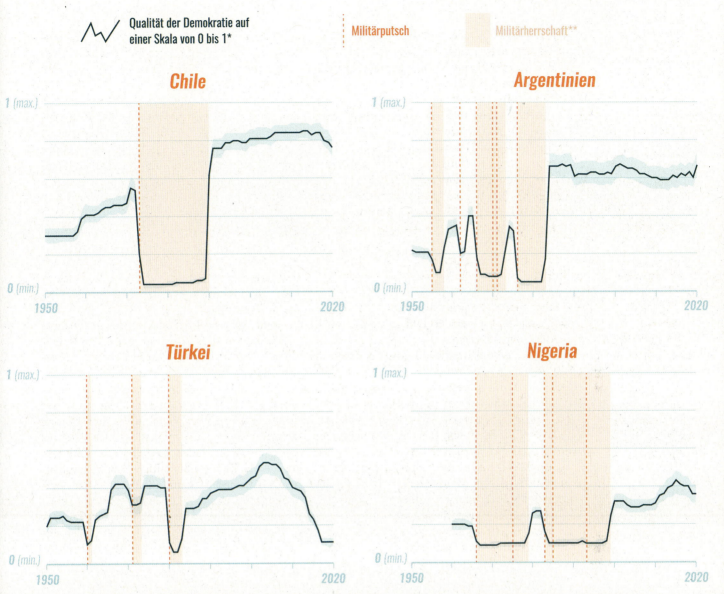

\* Gemessen u. a. an freien und fairen Wahlen, Bürgerrechten und einer effektiven Begrenzung der Regierungsmacht durch Justiz und Parlament.
\*\* Als Endpunkt gilt hier meist die Wahl einer zivilen Regierung – diese liefen selten demokratisch ab und im Falle des Coups in der Türkei 1960 dominierte etwa das Militär die Politik noch lange nach den Wahlen 1961.

Erica De Bruin demonstriert in ihrer Studie, dass entsprechende Maßnahmen die Risiken eines erfolgreichen Coups deutlich reduzieren – nicht jedoch die Zahl der Putschversuche. So hilfreich solche Counterbalancing-Einheiten mittel- und langfristig sind, sie bergen auch ein Risiko. In den zwölf Monaten nach ihrer Etablierung ist das Putschrisiko deutlich erhöht. Auch könne Counterbalancing das Risiko heftiger Gewaltausbrüche während eines Putsches steigern. In der Dominikanischen Republik etwa lieferten sich Counterbalancing-Einheiten und das Militär 1965 Kämpfe – die Folge waren Tausende Tote. Der letztgenannte Zusammenhang ist jedoch bisher nicht empirisch belegt.[17]

**JAN-NIKLAS KNIEWEL**
KATAPULT

# FRAGMENTE

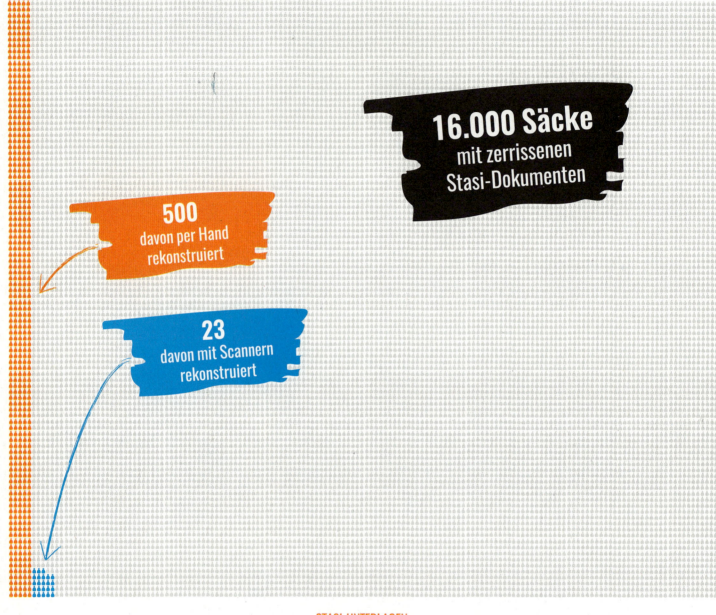

**STASI-UNTERLAGEN**
# Nur noch 600 Jahre puzzeln

Die Unterlagen der Stasi tragen zur Aufklärung der Verbrechen bei und können Opfern helfen, ihre Ansprüche auf Entschädigung geltend zu machen. Die entsprechenden Anträge konnten ursprünglich nur bis Ende 2020 gestellt werden, wurden aber vom Bundestag komplett entfristet – Stasi-Opfer können trotzdem nicht 600 Jahre warten. Müssen sie aber, wenn es so weitergeht wie bisher.

Denn die Technik der Angestellten des Bundesbeauftragten für die Stasi-Unterlagen befindet sich noch immer auf dem Stand von 1995. Heißt: Schnipsel per Hand zusammenzusetzen. Die Führung des DDR-Ministeriums für Staatssicherheit ließ im Frühjahr 1990 massenhaft Dokumente der Geheimpolizei vernichten. Bürgerrechtler:innen und westliche Geheimdienste retteten tonnenweise Akten – darunter rund 16.000 Säcke mit Papierschnipseln von über 45 Millionen von Hand zerrissenen Dokumente. Und die müssen nun eben zusammengesetzt werden.

2008 begann das Fraunhofer-Institut mit einem sechs Millionen Euro teuren Projekt und hochmoderner Scantechnik, den Prozess zu automatisieren. Die neue Technik brachte jedoch nicht den erhofften Durchbruch. Nur 23 Säcke zerrissener Akten konnten so bis 2014 digitalisiert werden. Das Projekt wurde eingestellt. Seitdem forscht man an einer besseren technischen Lösung. Währenddessen puzzeln immer noch zehn Angestellte der Stasi-Unterlagenbehörde manuell weiter.

NAMENSGEBUNG IN SCHWEDEN

# Gert heißt jetzt wie seine Tochter

Von den hundert häufigsten Nachnamen in Schweden enden 40 auf *-son*. Platz eins bis drei: Andersson, Johansson, Karlsson. Wörtlich übersetzt ist Andersson der Sohn von Anders. Bis zum 19. Jahrhundert bekamen Kinder den Vornamen des Vaters als Nachnamen. Söhne mit der Nachsilbe *-son*, Töchter mit *-dotter*. Der Sohn von Hans Andersson heißt also Hansson, die Tochter Hansdotter. Warum unter den Top 100 kein Name auf *-dotter* endet? Frauen nahmen bei der Eheschließung häufig den Nachnamen des Mannes an.

Wollen die Menschen in Schweden heute ihren Namen ändern, ist das ganz leicht und beliebig oft machbar. Gefallen die Möglichkeiten aus dem Familienkreis nicht, können sich Schweden einen der etwa 500 beliebtesten Namen des Landes aussuchen. Kosten: rund 180 Euro. Dabei helfen Listen mit schwedisch klingenden Silben und Bestandteilen, die gut zueinander passen. Oder sie erfinden einfach einen ganz neuen Namen. Welche Namen mittlerweile schon vergeben sind: Grahamsdaughter, Newnorth, Rockzter, Alfalucia und Frankolin. Auch schon weg: Nathaliespappa. Das ist der Vater von Nathalie, der früher Gert Bondesson hieß. Nun also Gert Nathaliespappa. Auch seine Tochter änderte ihren Nachnamen – in Gertsdotter.

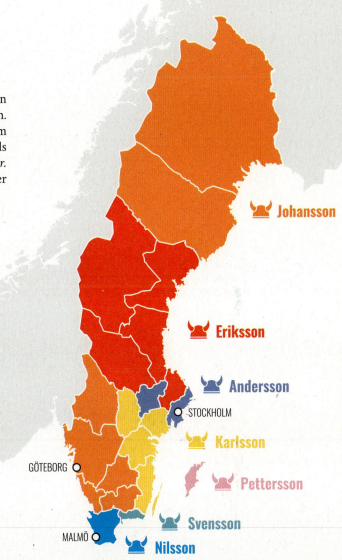

Die häufigsten Nachnamen in den schwedischen Provinzen

ANTI-ROBOTER-AUFGABEN

# Google hackt sich selbst

»Wählen Sie alle Bilder mit Taxis aus«. Solche Aufgaben stellt Google, um sicherzustellen, dass ein echter Mensch vor dem Computer sitzt – und kein Roboter. Damit soll verhindert werden, dass Programme automatisiert unzählige Anfragen stellen, Benutzerkonten registrieren oder Bestellungen abschicken. So dürfen bei der Aufgabe nur auf Fotos mit Taxis geklickt werden, bis es zum nächsten Schritt gehen kann. Für Menschen, die nicht gut sehen, gibt es eine alternative Aufgabe: Sie können sich eine verrauschte Sprachaufnahme anhören und müssen die Wörter eintippen.

Ein Hacker hat einen Weg gefunden, diese Abfrage auszutricksen. Er ließ die Aufgabe einfach von der Google-Spracherkennung lösen. Diese funktioniert super und übersetzt problemlos über 90 Prozent der verrauschten Aufnahmen in Text. Google will also eine Aufgabe stellen, die nur echte Menschen lösen können – und bietet das Programm, das es genauso gut kann, direkt mit an.

**Straßenverkehrstote pro 100.000 Einwohner**

2016

## STUDIE

# Keine Zeit für Sicherheit

**Studie:** „Why Africa cannot prosecute (or even educate) its way out of road accidents: insights from Ghana" von Festival G. Boateng (Januar 2021)

**Kurz:** An den vielen Verkehrsunfällen in Ghana sind nicht nur die Fahrer schuld. Probleme des Transportsektors führen unweigerlich zu mehr Unfällen. Sichere Jobs für die Fahrer könnten mehr Leben retten als höhere Bußgelder.

In Ghana sterben pro Jahr rund 7.000 Personen bei Verkehrsunfällen, schätzt die Weltgesundheitsorganisation. Hochgerechnet sind das sechsmal so viele wie in Deutschland. Die gängige Erklärung: Angestellte im privaten Transportwesen halten sich nicht an die Regeln. Ghanaische Politiker und Medien fordern daher immer wieder härtere Strafen für Fehlverhalten im Straßenverkehr. Aber fahrerzentrierte Lösungsansätze können die eigentlichen Probleme nicht bekämpfen. Das zeigt der ghanaische Forscher Festival Boateng.

Er hat institutionelle, akademische und Medienberichte in Ghana analysiert. Seine Vermutung: Das Missachten von Verkehrsregeln ist kein moralisches Versagen Einzelner. Vielmehr sind die Unfälle das Ergebnis von Fehlern im System des ghanaischen Transportsektors. Das größte Problem der Branche ist Boateng zufolge, dass die Regierung nicht in das öffentliche Transportwesen investiert. 2010 etwa wollte der Staat zwar ein öffentliches Bussystem schaffen. Verhindert wurde das jedoch von den Vereinigungen

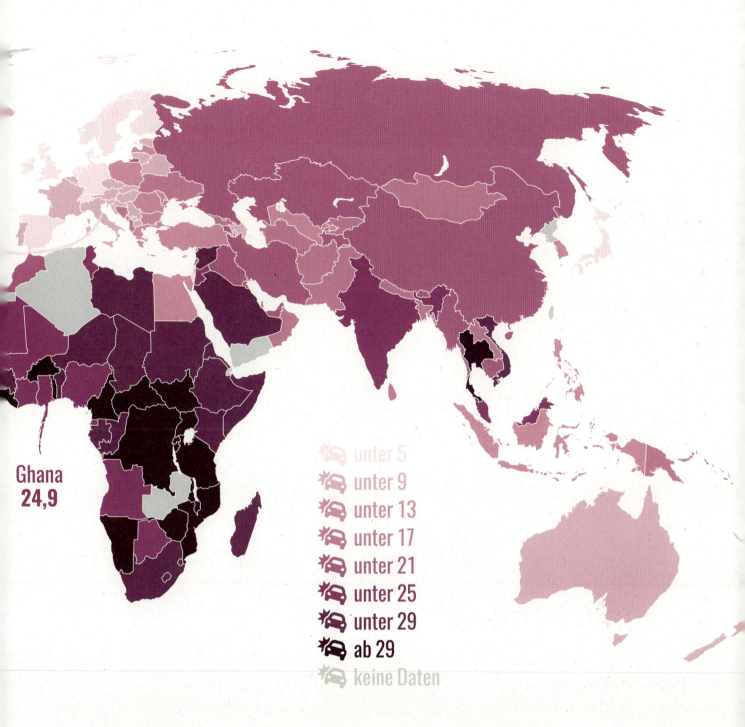

Ghana
24,9

der privaten Fahrzeugbesitzer, die enormen politischen Einfluss genießen.

Statt eines öffentlichen Transportsystems wurden die Straßen ausgebaut. Der Import von Autos stieg an. Nur in acht Prozent der Fälle handelt es sich jedoch um Neuwagen. Mehr als die Hälfte der importierten Fahrzeuge ist schon seit 15 Jahren auf der Straße, wenn sie in Ghana ankommt. Studien haben jedoch gezeigt, dass die Wahrscheinlichkeit, bei einem Autounfall mit einem alten Auto zu sterben, viermal höher ist als mit einem Neuwagen.

Auch ausländische Investitionen tragen zur Problematik bei. Sie werden nur in wenigen Städten und Vierteln getätigt. Dort ist das Verkehrsaufkommen also besonders hoch – Staus inklusive. Um die verlorene Zeit gutzumachen, müssen die Beschäftigten im privaten Transportwesen schneller und riskanter fahren. Nur so können ausreichend viele Passagiere befördert werden. Dies ist nötig, um die Kosten zu decken. Außerdem problematisch sind die ohnehin niedrige Lohnstruktur und die hohe Arbeitslosigkeit im Land. Beides fördert die Konkurrenz und Jobunsicherheit unter den Busfahrern.

Weder härtere Strafen noch die Schulung der prekär Beschäftigten im Transportwesen könnten hier Abhilfe schaffen, so Boateng. Nur eine Reform des Gesamtsystems wäre dazu in der Lage, die Zahl der Verkehrstoten in Ghana dauerhaft zu senken. Sichere Jobs für die Fahrer, eine Verringerung des Verkehrsaufkommens und die Schaffung eines öffentlichen Transportwesens könnten also mehr Leben retten als höhere Bußgelder.

## NATURSCHUTZ DER NAZIS

# Vogelkunde wie bei Hitler

**Rechter Naturschutz und rassistische Vogelnamen – das hat Tradition. Der Einfluss des nationalsozialistischen Heimatschutzes ist immer noch erkennbar und geht weit über Vogelnamen hinaus.**

## VON **OLE KRACHT**

(1) Esoterische Weltanschauung, begründet von Rudolf Steiner. Setzt sich aus Bestandteilen von Theosophie, Rosenkreuzertum, Buddhismus und anderen Strömungen zusammen. Bekannteste Aushängeschilder sind die GLS-Bank, der Bio-Anbauverband Demeter sowie die Waldorfschulen.

(2) Speit, Andreas: Braune Wurzeln, auf: taz.de (12.6.2015).

(3) Bundesamt für Naturschutz (Hg.): Naturschutzgebiete, auf: bfn.de (ohne Datum).

(4) Engels, Jens Ivo: Wie grün waren die Nazis?, auf: bpb. de (10.9.2015).

(5) Krüger, Thorsten: Zur Entwicklung der deutschen Namen der Vögel Deutschlands seit 1900 – Konstanz und Wandel, in: Vogelwarte, (58)2020, S. 230.

Spätestens seit Fridays for Future zur weltweiten Massenbewegung geworden ist, hat der Umweltschutz ein neues Image bekommen: grün, links und modern. Doch Naturschutz geht auch anders. Ganz anders. Seit über einem Jahrhundert ist er auch stark mit rechter Weltanschauung verbunden, vor allem in Deutschland. Völkische Siedler im ländlichen Raum, die Verknüpfung von Blut-und-Boden-Ideologie mit Natur- und Umweltschutz bis hin zu rassistischen Anthroposophen[1] wie Rudolf Steiner aus dem Umfeld der Waldorfpädagogik. Und mittendrin: heimische Vogelarten.

### Landschaftsplanung in Auschwitz

Persönlichkeiten wie Werner Bauch (1902-1983), Heinrich Wiepking-Jürgensmann (1891-1973) oder Alwin Seifert (1890-1972) stehen für die Entwicklung des nationalsozialistischen Naturschutzes und dessen Verflechtung mit der deutschen Nachkriegsgesellschaft. Seifert war sogenannter Reichslandschaftsanwalt und unter anderem beim Bau der Autobahnen für den Naturschutz zuständig. Bauch und Wiepking-Jürgensmann sollten für den Kommandanten des Konzentrationslagers Auschwitz, Rudolf Höß, die Landschaftsplanung vor Ort verwirklichen. Genauso wie das wohl größte Landschaftsplanungsprojekt der Nationalsozialisten: die Begrünung des »Westwalls«, einer rund 630 Kilometer langen Verteidigungsanlage im Westen Deutschlands. So sollten Gefechtsstellungen und Bunker für feindliche Flugzeuge getarnt werden.

Um das Unternehmen umzusetzen, wurden auch Zwangsarbeiter eingesetzt.[2] Auch am »Generalplan Ost«, der Kolonisierung der eroberten osteuropäischen Gebiete, waren die Naturschützer aktiv beteiligt.

Der Naturschutz wurde 1935 sogar mit dem Reichsnaturschutzgesetz erstmals juristisch einheitlich festgehalten, und galt in der Bundesrepublik noch bis in die Siebzigerjahre. Verändert hatte sich dadurch aber recht wenig. Viele Naturschutzgebiete bestanden bereits, teilweise seit Anfang des 19. Jahrhunderts.[3] Große Flächen unberührter Natur bewirtschaftete aber neuerdings der Reichsarbeitsdienst: Flüsse wurden begradigt, Moore und Sümpfe trockengelegt und neue landwirtschaftliche Flächen erschlossen. Erste Ansätze, die Schadstoffemissionen von Kraftwerken zu reduzieren, wurden von der NS-Regierung verworfen. Die chemische Industrie wurde sogar ausgebaut und die Verschmutzung der Gewässer nahm zu; Naturräume wurden in landwirtschaftliche Flächen umgewandelt. Wirtschaftspolitische Interessen waren dann doch wichtiger als der Naturschutz.[4]

### Hottentottenente heißt heute noch so

Auch im Bereich der Naturforschung hinterließen die Nazis ihre Spuren. Das »Handbuch der deutschen Vogelkunde« etwa, ein einflussreiches Standardwerk aus der NS-Zeit, stammt vom späteren Waffen-SS-Mitglied Günther Niethammer (1908-1974).[5] Zeitweilig war er in Auschwitz stationiert, veröffentlichte 1941

30

KATAPULT

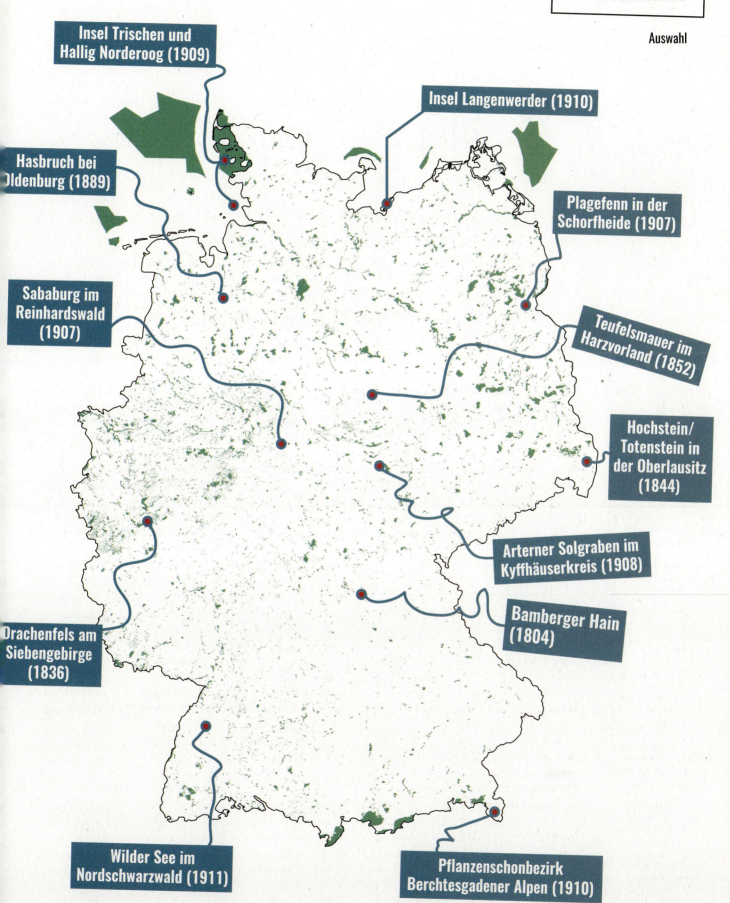

## Werner Bauch

War für die Begrünung des KZs Auschwitz verantwortlich und führte für Heinrich Himmler vor Ort Untersuchungen zu Faulgasen durch. Von 1952 bis 1968 Professor für Landschaftsarchitektur an der TH/TU Dresden.

## Günther Niethammer

Meldete sich 1940 freiwillig zur Waffen-SS und war fast zwei Jahre in Auschwitz stationiert. Wurde 1951 an der Universität Bonn habilitiert und ab 1968 Präsident der Deutschen Ornithologischen Gesellschaft. Schrieb u.a. das *Handbuch der deutschen Vogelkunde* und *Beobachtungen über die Vogelwelt von Auschwitz*.

## Alwin Seifert

Ab 1932 Lehrauftrag an der TH München und seit 1937 Mitglied der NSDAP. Ab 1940 „Reichslandschaftsanwalt". U.a. am „Generalplan Ost" und der Reichsautobahn beteiligt. Ab 1950 wieder Lehrstuhl an der TU München und ab 1958 Bundesleiter des BUND Naturschutz in Bayern. Erhielt 1961 das Bundesverdienstkreuz.

gar seine *Beobachtungen über die Vogelwelt von Auschwitz*.[6] Jonas Voß von der Fachstelle Radikalisierungsprävention und Engagement im Naturschutz (Farn) verweist auf den Einfluss Niethammers und die Rolle nationalsozialistischer Weltanschauung im Naturschutz. 1937 benannte der Vogelkundler beispielsweise den Schmalschnäbligen und den Plattschnäbligen Wassertreter in Odins- und Thorshühnchen um. Die Namen gelten bis heute, obwohl sie durch das Tilgen der Eigenschaften die schlechteren Bezeichnungen sind und ein klarer Verweis auf die von den Nationalsozialisten verklärte nordische Mythologie.[7]

Derartige Namensgebungen sind aber bei Weitem kein Einzelfall. Die Schwedische Ornithologische Gesellschaft hat schon vor einigen Jahren zehn Vogelarten aufgrund ihrer diskriminierenden Namen umbenannt. Zuvor gab es auch schon in Norwegen und Dänemark ähnliche Vorhaben.[8] In den USA gibt es die Initiative »Bird Names for Birds« (»Vogelnamen für Vögel«),[9] die sich gegen unpassende und rassistische Namen einsetzt.[10] Dass Bezeichnungen wie *Hottentotten*, *Mohr* und Ähnliche im gesellschaftlichen Rahmen nicht mehr zeitgemäß sind, steht außer Frage. Bei den Vogelnamen hingegen ist die Diskussion aber noch ganz am Anfang. In Schweden gab es hingegen schon Umbenennungen. Aus dem in Südamerika lebenden Zigeunervogel (zigenarfågel) wurde der Hoatzin. Kaffernsegler (Kafferseglaren) und Weißbrust-Negerfink (vitbröstad negerfink) heißen übersetzt jetzt Weißbürzelsegler und Weißbrust-Nigrita – im Deutschen auch als Mantelschwärzling bekannt. In Deutschland wurde aus der Mohrenlerche die Schwarzsteppenlerche.[11] Ihre ursprünglichen Bezeichnungen gehen zum Teil weit zurück in die Zeit der europäischen »Entdecker«. Die Debatte ist zwar angestoßen, doch die Hottentottenente durfte ihren Namen bis jetzt behalten.

**Vogel des Jahres 2021: Nazis stimmen für den Goldregenpfeifer**

Jonas Voß von der Farn verweist noch auf ein weiteres Problem: die historische Kontinuität der verantwortlichen Umwelt- und Naturschutzakteure. Denn was haben Niethammer, Seifert, Bauch und Wiepking-Jürgensmann gemeinsam? Sie alle waren im Bereich des Naturschutzes im Dienste der Nationalsozialisten tätig – und das keineswegs als Mitläufer – und konnten ihre Karrieren nach Ende des Zweiten Weltkrieges problemlos fortsetzen. Niethammer wurde 1957 von der Universität Bonn zum

## Umbenannte Vögel

~~Zigeunervogel~~ Hoatzin

~~Weißbrust-Negerfink~~ Weißbrust-Nigrita

~~Kaffernsegler~~ Weißbürzelsegler

~~Mohrenlerche~~ Schwarzsteppenlerche

~~Mohrenkopfpapagei~~ Senegalpapagei

Hottentottenente

Professor für Ornithologie ernannt, 1968 bis 1973 war er Präsident der Deutschen Ornithologischen Gesellschaft. Alwin Seifert kehrte an die TU München zurück und war 1958 bis 1963 Bundesleiter beim BUND Naturschutz in Bayern. Wiepking-Jürgensmann, neben Seifert einer der bedeutendsten Landschaftsplaner der NS-Zeit, übernahm 1948 einen Lehrauftrag an der neu gegründeten Hochschule für Gartenbau und Landeskultur in Hannover, die später Teil der TU Hannover wurde. 1949 folgte die Professur, 1959 wurde ihm das Bundesverdienstkreuz verliehen. Werner Bauch war 1952 bis 1968 Professor für Landschaftsarchitektur an der TU Dresden. Die Beispiele ließen sich mit vielen weiteren Namen fortführen.

Heute gibt es verschiedene Stoßrichtungen rechtsgrüner Bewegungen innerhalb des Naturschutzdiskurses. Bei den »Bauernprotesten« in diesem und im vergangen Jahr etwa sah man auf den Demonstrationen die »Landvolk«-Flagge, im Sommer letzten Jahres formten gar über 200 Traktoren ein riesiges Landvolksymbol auf einem nordfriesischen Acker.[12] Die Landvolkbewegung stand in den 1920er-Jahren in Schleswig-Holstein vor allem für völkische Ideologie sowie antisemitische und republikfeindliche Positionen.[13] Spätestens seit Anfang der 2000er stehen auch die völkischen Siedler im medialen Fokus. Vor allem, aber nicht nur, in den ostdeutschen Bundesländern erschaffen sie sich eine Art Parallelgesellschaft nach nationalsozialistischem Vorbild – inklusive Bio und Naturschutz.[14]

Besonders absurd aber wurde es, als der Naturschutzbund Deutschland (Nabu) zur Wahl des Vogels 2021 aufrief. Unzählige alte und neue Rechte beteiligten sich in den sozialen Netzwerken und forderten ihre Anhänger auf, für den Goldregenpfeifer zu stimmen. Wieso? Der Schweizer Schriftsteller Armin Mohler, ein Vordenker der Neuen Rechten, hatte den Regenpfeifer zum neurechten Wappentier erklärt.[15] Die Vögel gelten als besonders aufmerksam und sollen kommenden Regen ankündigen. Darauf Bezug nehmend nannte Mohler jene für ihn einflussreiche Denker *Regenpfeifer*, die »drohendes Unheil« ankündigen. »Selbstverständlich hat diese mystische Projektion nichts mit der biologischen Realität von Regenpfeifern zu tun«, so Jonas Voß. Diese Perspektive ergibt aus ornithologischer Sicht also wenig Sinn, unterstreicht aber, wie ideologisch aufgeladen Vogelnamen sein können. Gewonnen hat am Ende übrigens das Rotkehlchen – es galt früher unter anderem als Überbringer der Sonne. ▼

(6) Niethammer, Günther: Beobachtungen über die Vogelwelt von Auschwitz (Ost-Oberschlesien), in: Annalen des Naturhistorischen Museums in Wien 52(1941), auf: zobodat.at.

(7) Fachstelle Radikalisierungsprävention und Engagement im Naturschutz (Farn, Hg.): Extremen Rechten den Vogel zeigen!, auf: nf-farn.de (11.2.2021).

(8) Behrens, Christoph: Schweden schaffen rassistische Vogelnamen ab, auf: sueddeutsche.de (20.2.2015).

(9) Rutter, Jordan E.; Foley, Gabriel: Bird Names For Birds, auf: birdnamesforbirds.wordpress.com.

(10) Arnu, Titus: Skandal im Anflug, auf: sueddeutsche.de (22.2.2021).

(11) Krüger 2020, S. 212.

(12) Meier, Anna: Braun verstaubte Bauernproteste, auf: belltower.news (15.2.2021).

(13) Edelmann, Heidrun: Nur wer die Geschichte kennt, versteht die Gegenwart, in: Bauernblatt (27.6.2020), S. 14f.

(14) Amadeu-Antonio-Stiftung (Hg.): Völkische Siedler/innen im ländlichen Raum, Berlin 2014, S. 8.

(15) Farn 2021.

# Ich möchte die folgende Ausgabe
## als Geschenk bekommen
(Bitte *ein* Geschenk ankreuzen)

N°17   N°18   N°19   N°20   N°21

Philosophen-Quartett II (Kartenspiel)   KNICKER N°8   KNICKER N°9   KNICKER N°10   KNICKER N°11

vorsichtig abziehen

# FRAGMENTE

STEUERERLEICHTERUNGEN IN DEN USA

## Reiche werden reicher

Im Jahr 2002 unterzeichnete US-Präsident George W. Bush ein Gesetz zur Steuererleichterung. Dieses sollte Unternehmen dazu anreizen, mehr Arbeitsplätze zu schaffen. Kritiker meinen, die oberste Chefetage habe davon jedoch am meisten profitiert. Steuereinsparungen flossen direkt in die Taschen von Spitzenmanagern börsennotierter Unternehmen. Pro gespartem Dollar stieg das Gehalt der fünf bestbezahlten Führungskräfte dieser Firmen um 15 bis 19 Cent, errechnete der Wirtschaftswissenschaftler Eric Ohrn. Seinen Berechnungen zufolge ist das fünfmal so viel wie der Lohnzuwachs der restlichen Beschäftigten. Die fünf bestbezahlten Führungskräfte eines Unternehmens bekamen durch die Steuersenkungen im Zeitraum von 2001 bis 2012 je 924.000 US-Dollar. Vor der endgültigen Studienveröffentlichung prüfen Fachkollegen derzeit noch Ohrns Berechnungen.

2017 senkte Präsident Trump den Spitzensatz der Körperschaftsteuer. Der US-Kongress schätzt, Unternehmen müssen durch das Gesetz in den nächsten zehn Jahren mehr als zwei Billionen Dollar weniger an den Staat abführen. Diese Riesensumme multipliziert mit Ohrns Gehaltszuwachs pro Dollar ergibt eine Menge Zaster. Die fünf Topführungskräfte pro Firma erhalten dank der Steuersenkungen in den nächsten Jahren bis zu 414 Milliarden Dollar, so die Schätzungen.

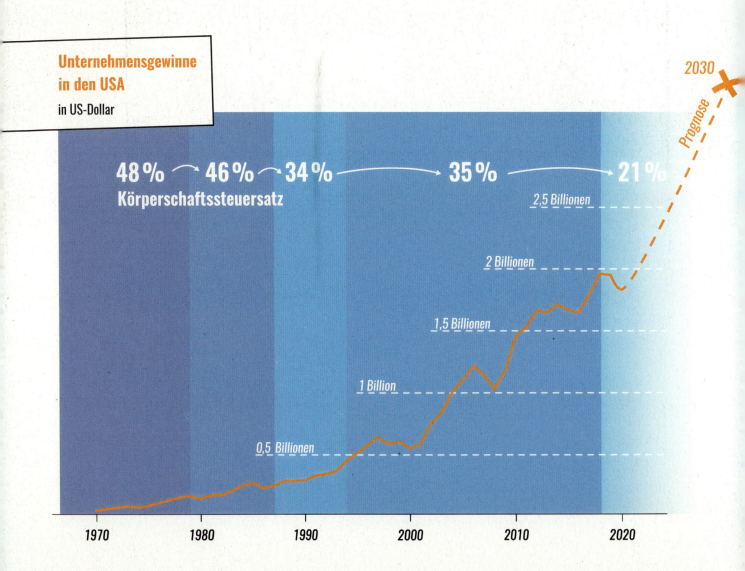

ARCHÄOLOGIE

# Saualte Matrosenzähne

Das englische Kriegsschiff »Mary Rose« sank 1545 mit über 400 Mann an Bord. Ein schlimmer Verlust für den englischen König Heinrich VIII., es war angeblich sein Lieblingsschiff. Aber ein großer Gewinn für Archäologen. Obwohl das Schiff 437 Jahre lang am Meeresgrund lag, können sie nämlich heute noch viel über die Besatzung herausfinden. So analysierten britische Wissenschaftler die genaue chemische Zusammensetzung der Backenzähne von acht Besatzungsmitgliedern. Weil die Zähne während der Kindheit wachsen, lagern dort die chemischen Bestandteile der Nahrung aus Kindertagen. Auf diese Weise konnten die Archäologen herausfinden, wo die Männer aufgewachsen waren und was sie gegessen hatten. Drei der acht englischen Seeleute stammten wahrscheinlich aus Südeuropa. Ein weiterer wuchs zwar in England auf, hatte aber anscheinend afrikanische Vorfahren. Es gibt bereits andere Funde aus dieser Zeit, die die Existenz schwarzer Einwohner in englischen Hafenstädten nahelegen. Die Besatzung der Mary Rose ist aber der erste Beweis dafür, dass sie in der königlichen Marine dienten. Historienfilme mit ausschließlich blassen Engländern sind also wahrscheinlich historisch nicht korrekt.

RAUBKUNST
AUS DEN KOLONIEN

# Alles rechtmäßig geklaut

Nur langsam setzen sich europäische Staaten, zuletzt insbesondere
Frankreich und Deutschland, mit ihrer kolonialen Vergangenheit
auseinander. Dazu gehört, Unrecht und Verbrechen gegenüber den
ehemaligen Kolonien anzuerkennen. Jahrzehntelang geführte Debatten
um die Rückgabe afrikanischer Raubkunst zeigen jedoch,
wie widerwillig das geschieht.

VON **STEFANIE SCHULDT**

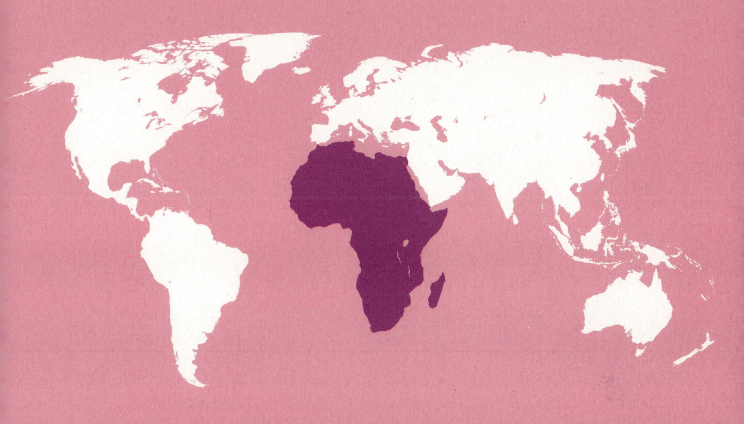

(1) Häntzschel, Jörg: Verseucht, zerfressen, überflutet, auf: sueddeutsche.de (9.7.2019).

(2) Deutscher Bundestag (Hg.): Zustand des Sammlungsgutes in den Depots des Ethnologischen Museums und des Museums für Asiatische Kunst in Berlin, Drucksache 19/12807, S. 3 (28.8.2019).

(3) Sarr, Felwine; Savoy, Bénédicte: The Restitution of African Cultural Heritage. Towards a New Relational Ethics, 2018, S. 3.

(4) Reichert, Kolja: Muss das weg?, auf: faz.net (14.1.2019).

In Berlin-Dahlem stapeln sich in der ethnologischen Sammlung der Stiftung Preußischer Kulturbesitz (SPK) über hundert Bananenkisten, deren Inhalt niemand kennt.[1] Die Räume sind baufällig und sanierungsbedürftig. Wenn es stark regnet, dringt Wasser ein. Zum Schutz gegen Holzwürmer und Motten versprühten Mitarbeiter Chemikalien. Circa zwei Drittel, also insgesamt rund 330.000, der dort gelagerten Objekte könnten so beschädigt werden.[2] Das Depot kann mittlerweile nur noch mit Kittel, Atemschutz und Handschuhen betreten werden. Ironischerweise erklären Fachleute bis heute, dass Museen in den afrikanischen Herkunftsländern nicht in der Lage seien, ihre Objekte fachgerecht aufzubewahren, dass es an der technischen Ausstattung und den Fachkenntnissen von Mitarbeitern mangele – und man deswegen das Kulturgut nicht zurückgeben könne.

Schätzungen zufolge befinden sich etwa 90 Prozent der afrikanischen Kulturgüter aus dem Gebiet südlich der Sahara außerhalb des Kontinents.[3] Europäische Kolonialmächte nahmen bei ihren militärischen und wissenschaftlichen Expeditionen im 19. und frühen 20. Jahrhundert Kunst- und Alltagsgegenstände aus den Kolonien mit. Von dort gelangten die Artefakte und menschliche Überreste in nationale Völkerkundemuseen und private Sammlungen der Eroberer. Darunter befinden sich auch Gegenstände aus asiatischen, ozeanischen oder karibischen Kolonien. Den Großteil der geraubten Stücke bekommt bis heute aber fast niemand zu sehen. Nur ein bis zwei Prozent der Sammlung würden überhaupt ausgestellt, sagt Clémentine Deliss, ehemalige Direktorin des Frankfurter Weltkulturen-Museums.[4] Der Rest lagere im Depot.

**»Als wüssten die was damit anzufangen«**
Aktuelle Medienberichte zur Restitution, also der Rückgabe von Kulturgegenständen, konzentrieren sich auf Bronzen aus dem ehemaligen Königreich Benin – heute Nigeria. Britische Truppen plünderten während einer Strafexpedition im Jahr 1897 den Königspalast in der Stadt Benin, darunter Metalltafeln und Skulpturen aus dem 16. bis 18. Jahrhundert. Etwa 5.000 Objekte gingen verloren. Über Auktionen und Ankäufe wurden die Stücke europaweit verteilt. Nach London hat Berlin mit über 500 Exemplaren die zweitgrößte Sammlung von Kunst-

> Den Großteil der geraubten Stücke bekommt bis heute fast niemand zu sehen. Nur ein bis zwei Prozent der Sammlung würden überhaupt ausgestellt

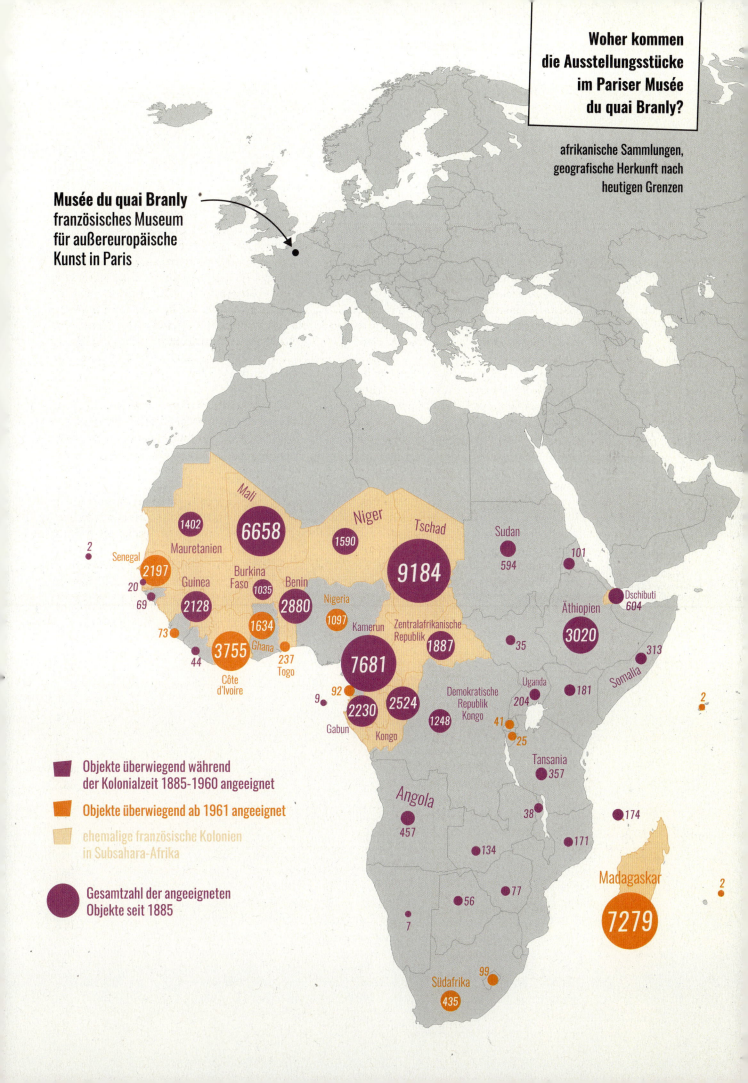

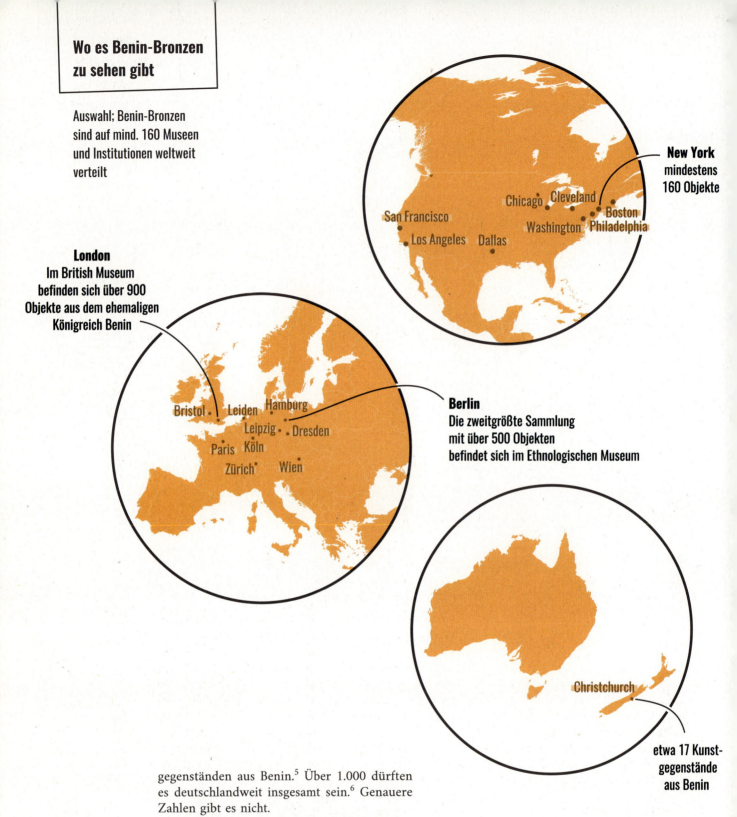

## Wo es Benin-Bronzen zu sehen gibt

Auswahl; Benin-Bronzen sind auf mind. 160 Museen und Institutionen weltweit verteilt

**London**
Im British Museum befinden sich über 900 Objekte aus dem ehemaligen Königreich Benin

**New York**
mindestens 160 Objekte

**Berlin**
Die zweitgrößte Sammlung mit über 500 Objekten befindet sich im Ethnologischen Museum

etwa 17 Kunstgegenstände aus Benin

---

gegenständen aus Benin.[5] Über 1.000 dürften es deutschlandweit insgesamt sein.[6] Genauere Zahlen gibt es nicht.

Nach ihrer Unabhängigkeit ab 1960 forderten viele afrikanische Staaten einen Teil ihres kulturellen Erbes von Europa zurück. Seit mehr als 50 Jahren scheitern sie damit und müssen sich gegen rassistische und koloniale Behauptungen wehren. Ein Beispiel: Ab 1972 bemühte sich Nigeria bei mehreren europäischen Ländern, einige Objekte aus der geraubten Benin-Sammlung wenigstens als Leihgabe zu erhalten. Die Museumsdirektoren wehrten energisch ab. Sie betonten immer wieder, ihre Sammlungen legal erworben zu haben. Raubzüge hätten nicht stattgefunden. Hans-Georg Wormit, Präsident der Berliner SPK, bezeichnete die deutschen Museen zudem als Opfer des Zweiten Weltkriegs. Ihre materiellen Verluste würden Leihgaben nach Afrika schlichtweg nicht ermöglichen. In Stellungnahmen befürchteten die Museumsleiter eine Kettenreaktion und schließlich leere Ausstellungsräume.[7] Afrikanische Museen seien außerdem in einem so schlechten Zustand, dass »etwa zurückgegebene Kunstwerke und Samm-

(5) Memarnia, Susanne: Blamage mit Ansage, auf: taz.de (13.12.2020).

(6) Kurzhals, Frank: Deutschland hat die Rückgabe der Benin-Bronzen entschieden, auf: handelsblatt.com (30.4.2021).

# Woher die Benin-Bronzen stammen

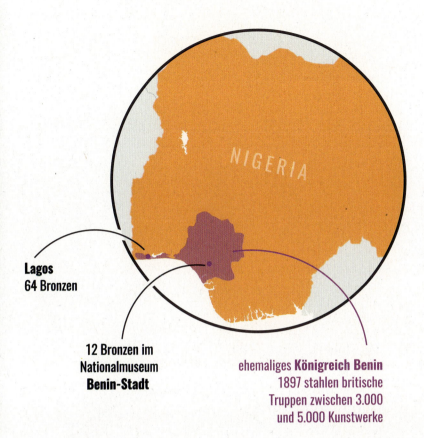

**Lagos** 64 Bronzen

12 Bronzen im Nationalmuseum **Benin-Stadt**

ehemaliges **Königreich Benin** 1897 stahlen britische Truppen zwischen 3.000 und 5.000 Kunstwerke

lungsgegenstände binnen kurzem dem Verfall anheimgegeben wären«.[8] Die französische Kunsthistorikerin Bénédicte Savoy zeigt anhand der Debatten aus der Zeit zwischen 1970 und 1985, dass einzelne westdeutsche Museumsdirektoren und Kulturverwaltungen systematisch die Rückgabe verhinderten.

### Wie Museen um eine Rückgabe herumkommen

Aber gibt es denn überhaupt keine Bemühungen, die geraubte Kunst zurückzugeben? Nur oberflächlich. Vor einer internationalen Konferenz im Jahr 1982 erarbeitete eine deutsche Kommission ein vertrauliches Dokument. Es trägt den Titel »Rückgabe von Kulturgut«. Der Name trügt allerdings – denn der Inhalt des Papiers fasst genau genommen nur alle Gegenpositionen zusammen. Zudem liefert es praktische Hinweise zur Abwehr von Rückgabeforderungen.[9] Ein Tipp: Keine Objektlisten der Sammlungen erstellen. Wenn niemand weiß, was sich in den Museen befindet, kann auch nichts zurückverlangt werden.

Als eine der wenigen öffentlichen Gegenstimmen in Deutschland engagierte sich Hildegard Hamm-Brücher. Sie war Staatsministerin für Auswärtige Kulturpolitik und vertrat 1982 die Bundesrepublik auf der Unesco-Weltkonferenz über Kulturpolitik in Mexiko. Kurz nach ihrer Rückreise erklärte sie: Die Bundesrepublik sei bereit, Kulturgüter an die Herkunftsländer Togo und Kamerun zurückzugeben.[10] Nach dem Regierungswechsel im Herbst 1982 schied Hamm-Brücher aus der Bundesregierung aus. Niemand verfolgte ihr Vorhaben weiter, das mediale Interesse schwand.

Passiert ist seitdem wenig. Die erfolgten Restitutionen beschränken sich auf einige wenige Stücke. Darunter eine Bibel und eine Peitsche aus Stuttgart und die Cape-Cross-Steinsäule aus dem Berliner Deutschen Historischen Museum an Namibia.[11] Zusätzlich wurden menschliche Überreste zurückgegeben. Meist sind das einzelne Knochen oder ganze Skelette und oftmals Schädel, die zu rassenideologischen Forschungszwecken gesammelt wurden. Der Mediziner

(7) Savoy, Bénédicte: Afrikas Kampf um seine Kunst. Geschichte einer postkolonialen Niederlage, München 2021, S. 38ff.

(8) Zit. nach ebd., S. 55f.

(9) Ebd., S. 99ff.; 122.

(10) Ebd., S. 166; 176.

(11) Deutsche Welle (Hg.): Koloniales Erbe: Deutschland soll Kulturgüter zurückgeben, auf: dw.com (13.3.2019).

(12) Winkelmann, Andreas: Repatriations of human remains from Germany – 1911 to 2019, in: Museum & Society, (18)2020, Nr. 1, S. 40-51.

(13) Sarr/Savoy 2018.

(14) Einen Schwerpunkt innerhalb der Provenienzforschung in Deutschland bildete in den letzten Jahren die NS-Zeit, als Tausende Kunstwerke aus jüdischem Besitz enteignet, beschlagnahmt oder geraubt wurden. Der Bericht von Savoy und Sarr stieß die Debatte erneut an und sensibilisierte für das Thema koloniale Raubkunst. Daraus entstanden zahlreiche Forschungsprojekte.

(15) Hinzu kommen etwa 90.000 Dokumente, darunter Fotografien, Grafiken, Zeichnungen und Postkarten.

(16) Sarr/Savoy 2018, S. 47f.

(17) Deutschlandfunk (Hg.): »Entscheidung von großer Bedeutung«, auf: deutschlandfunk.de (19.12.2020).

(18) Grimme, Gesa: Provenienzforschung im Projekt »Schwieriges Erbe: zum Umgang mit kolonialzeitlichen Objekten in ethnologischen Museen«. Abschlussbericht, 2018, S. 18.

(19) Mükke, Lutz: Die alten Konzepte gehen nicht mehr auf, auf: faz.net (12.4.2018).

Andreas Winkelmann hat sämtliche Rückgaben menschlicher Gebeine zwischen 1911 und 2019 erfasst. Er geht davon aus, dass sich über 20.000 Stücke menschlicher Überreste nichteuropäischer Herkunft in Deutschland befinden. Insgesamt wurden in über 100 Jahren unter anderem Knochen und Haare von 397 Individuen zurückgegeben – das sind gerade einmal rund zwei Prozent.[12]

### Danke für das Schwert, Senegal

Im Fall der Rückgabeforderungen von Kulturgut reagierten europäische Länder bislang entweder gar nicht oder ziemlich reserviert. Sie lehnten die Gesuche bislang meist ab. Bis zum Jahr 2017. Damals versprach der französische Präsident Emmanuel Macron, nach Möglichkeiten für eine vorübergehende oder endgültige Rückgabe kolonialer Raubkunst zu suchen. Ein wichtiges Signal, Frankreichs Kolonialgeschichte endlich aufzuarbeiten und die Beziehungen zu den ehemaligen Kolonien zu stärken. Er beauftragte Bénédicte Savoy und den senegalesischen Ökonomen Felwine Sarr, ein Gutachten zu erstellen. In dem Bericht »Die Restitution des Afrikanischen Kulturerbes«[13] beantworten sie die Frage: Wann und unter welchen Umständen kamen die Objekte in französische Sammlungen? Sie beschäftigten sich also mit der Herkunft und den Besitzverhältnissen von Objekten im Rahmen der sogenannten Provenienzforschung.[14]

Savoy und Sarr sichteten Bestandslisten des Pariser Musée du quai Branly – Jacques Chirac, des Museums für außereuropäische Kunst. Dort befinden sich etwa 70.000 Artefakte aus dem Gebiet südlich der Sahara.[15] Zwei Drittel der Objekte gelangten zwischen 1885 und 1960 in die Sammlung – während der Kolonialzeit.[16] Die Autoren empfehlen, alle unrechtmäßig nach Frankreich gelangten Objekte zurückzugeben, wenn die Herkunftsstaaten dies wünschen. Dazu schlagen Savoy und Sarr eine umgekehrte Beweislast vor. Afrikanische Staaten brauchen nicht zu beweisen, dass sie die Gegenstände unrechtmäßig verloren haben. Stattdessen soll Frankreich zeigen, dass die Objekte mit voller Zustimmung der Besitzer in den nationalen Besitz gelangten. Daraufhin beschloss die französische Regierung, 26 Objekte aus Benin und ein Schwert aus dem Senegal zurückzugeben. Damit die Gegenstände aber tatsächlich an die Herkunftsländer übergeben werden können, ist eine Gesetzesänderung notwendig. Frankreichs Kulturgüter sind eigentlich unveräußerliches

> „
>
> **Frankreich hat 26 Objekte aus Benin und ein Schwert aus dem Senegal zurückzugeben. Die Niederlande haben Rückgaben angekündigt, Österreich will bald nachziehen. Großbritannien ist noch zurückhaltend**
>
> „

Staatseigentum.[17] Deswegen wird jetzt jeder Rückgabefall einzeln geklärt – beziehungsweise aus dem Staatsgut »gelöst«.

Auch andere europäische Staaten müssen sich zunehmend mit Rückgabeforderungen auseinandersetzen. Die Niederlande haben angekündigt, Stücke zurückgeben zu wollen. Österreich will bald nachziehen. Großbritannien ist noch zurückhaltend. Wenn, dann waren es bislang ein-

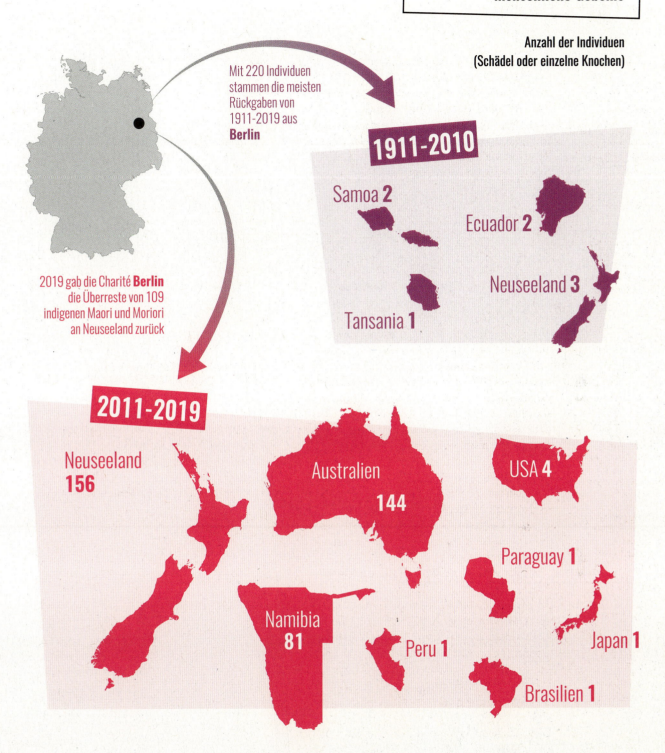

zelne private Institute, die etwas zurückgegeben haben. In Deutschland beleuchtete unter anderem das Forschungsprojekt »Schwieriges Erbe« die Verbindung zwischen der deutschen Kolonialgeschichte und der ethnologischen Sammlung des Stuttgarter Linden-Museums. Die Wissenschaftler und Wissenschaftlerinnen analysierten insgesamt drei Regionalbestände aus den ehemaligen deutschen Kolonien Deutsch-Südwestafrika, Kamerun und Deutsch-Neuguinea. Knapp 91 Prozent der Gegenstände kamen zwischen 1884 und 1920 in die Sammlung. In jener Zeit also, in der das Deutsche Reich in den drei Regionen Kolonialmacht war. Knapp 35 Prozent der Objekte stammen von Angehörigen des Militärs. Personen aus kolonialwirtschaftlichen Unternehmen und der Kolonialverwaltung überließen dem Museum etwa 39 Prozent der Stücke.[18]

(20) Häntzschel 2019.

(21) Starzmann, Paul: Nigeria wirft Bundesregierung »Pedanterie« im Raubkunst-Streit vor, auf: tagesspiegel.de (13.1.2021).

**Vier Leute zuständig für eine halbe Million Objekte**

Bevor Museen über Rückgaben verhandeln, dokumentieren sie ihre Bestände und den Anteil an Raubkunst. Das ist zeitintensiv. Zur umfassenden Provenienzforschung fehlen schlichtweg die Kapazitäten. In den staatlichen Sammlungen des Landes Sachsen arbeiten acht Personen daran, die etwa 300.000 Objekte zu untersuchen.[19] 2019 schrieb die Stiftung Preußischer Kulturbesitz in Berlin vier Stellen aus – für mehr als eine halbe Million Objekte. Und allein um die etwa 320.000 Objekte des Pariser Musée du quai Branly online zu stellen, vergingen sechs Jahre. 70 Leute arbeiteten daran.[20] Das zeigt: Die Aufarbeitung geht nur langsam voran. Es mangelt an Geld, Zeit und Personal.

Als das Berliner Humboldt-Forum eröffnete, erreichte die Restitutionsdebatte in Deutschland einen neuen Höhepunkt. Das Museum im wiederaufgebauten Stadtschloss präsentiert eine Sammlung, deren Herkunft zum Teil noch immer fragwürdig ist. Darunter die Benin-Bronzen. Nigeria fordert sie seit 2019 zurück. Die Bundesregierung erkannte die Schreiben aber nicht offiziell an. Sie fordert stattdessen eine Liste mit den einzelnen Objekten und Gründen zur Restitution.[21] Was nahezu unmöglich ist, wenn selbst in Deutschland niemand einsehen kann, wo wie viele Stücke lagern. Doch offenbar gibt es auch andere Lösungsansätze. Die »Kontaktstelle für Sammlungsgut aus kolonialen Kontexten in Deutschland« wird im Sommer 2021 erstmals Informationen über alle Benin-Bronzen in deutschen Museen veröffentlichen. Noch zum

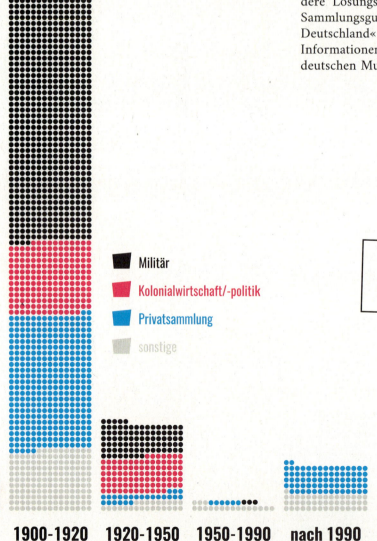

Wer gab Objekte ans Stuttgarter Linden-Museum?

Objekte aus Namibia

Ende des Jahres sollen Angaben zur Herkunft folgen. Warum? Im Frühjahr 2021 bekundeten einige Museumsleiterinnen und Museumsleiter sowie Kulturstaatsministerin Monika Grütters, sie seien bereit, Beutekunst zurückzugeben. Den Anfang sollen schon 2022 die Benin-Bronzen machen, so das Versprechen der Museumsleute.

**STEFANIE SCHULDT**
KATAPULT

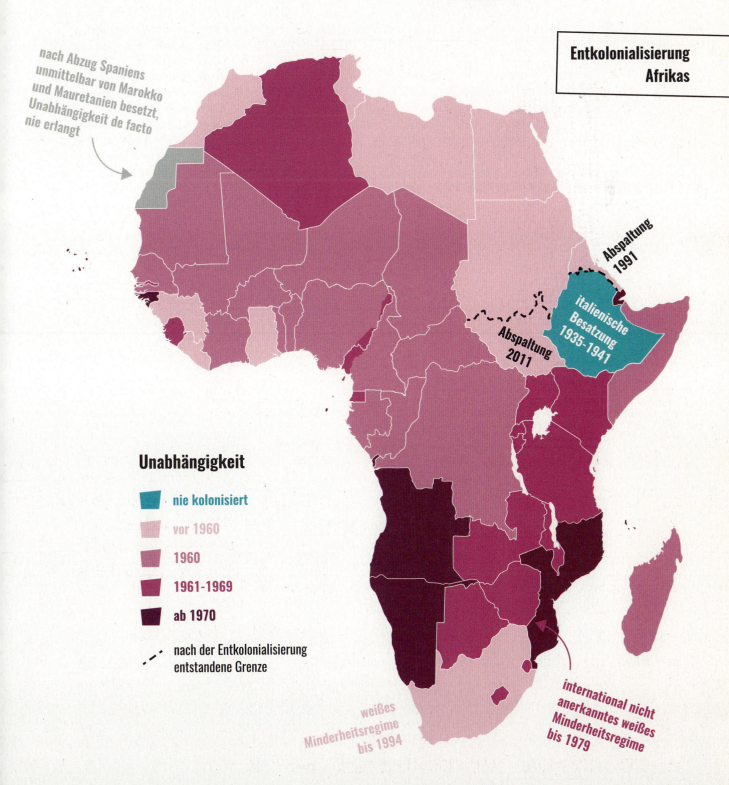

**Entkolonialisierung Afrikas**

nach Abzug Spaniens unmittelbar von Marokko und Mauretanien besetzt, Unabhängigkeit de facto nie erlangt

Abspaltung 1991

Abspaltung 2011

italienische Besatzung 1935–1941

**Unabhängigkeit**
- nie kolonisiert
- vor 1960
- 1960
- 1961–1969
- ab 1970
- --- nach der Entkolonialisierung entstandene Grenze

weißes Minderheitsregime bis 1994

international nicht anerkanntes weißes Minderheitsregime bis 1979

# FRAGMENTE

ITALIENISCHE MALERINNEN AUFM DACHBODEN

## Ist das von nem Mann oder kann das weg?

In Florenz' bekanntestem Museum, den Uffizien, hängen zahlreiche Kunstwerke, allesamt gemalt von Männern. Klar, denn Malerinnen gab es in der Renaissance nicht. Oder? Eben schon. Auf den Dachböden des Museums, in anderen öffentlichen Museen und Kirchen Italiens fand eine Stiftung seit 2009 über 2.000 Kunstwerke von Künstlerinnen. 70 verstaubte und fast vergessene Malereien wurden Stück für Stück teils aufwendig restauriert und ausgestellt. Auch das einzige bekannte Bild des Letzten Abendmahls, das von einer Frau gemalt wurde, ist wieder aufgetaucht. Die Künstlerin hieß Plautilla Nelli. Ihre Werkstatt befand sich in einem Kloster in Florenz.

Italien gilt als die Wiege der Renaissance, der Kulturepoche zwischen Mittelalter und Neuzeit. Frauen durften dort jahrhundertelang keiner künstlerischen Akademie beitreten, Talent hin oder her. Sie konnten den Beruf als Malerin nie offiziell ausüben und damit kein Geld verdienen. Das durften nur Männer. Die wenigen Frauen, die es dennoch taten, wurden schnell wieder vergessen und ihre Kunstwerke versteckt. Die Stiftung beendet ihre Arbeit im Juni 2021, weil ihr die finanziellen Mittel fehlen.

**Frauen in der Kunst**

in Deutschand, 2018/19, Anteil in Prozent

**63**
Studentinnen an Kunsthochschulen

**48**
Künstlerinnen, die einen Beruf in den bildenden Künsten ausüben

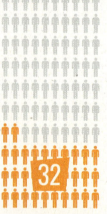
**32**
Professorinnen an Kunst- und Musikuniversitäten

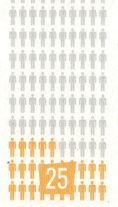
**25**
Kunstwerke von Frauen in Galerien

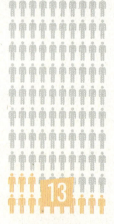
**13**
Kunstwerke von Frauen in Museen

Schätzungen

BREXIT-ABKOMMEN

# Fischkonflikt im Ärmelkanal

Beinahe wäre es Anfang Mai dieses Jahres zu einer Seeschlacht im Ärmelkanal gekommen. Großbritannien und Frankreich stritten sich um die fischreichen Gewässer der Insel Jersey. Die britische Kanalinsel liegt 26 Kilometer vor der französischen Küste und wird daher besonders von französischen Fischern angesteuert. Noch. Durch den Brexit brauchen Schiffe der EU für den Fang nun Lizenzen. Blöd nur, dass Großbritannien die Bestimmung erst kurz vor Inkrafttreten dem Abkommen hinzugefügt hat. Die Franzosen sind sauer und drohen jetzt, der Insel die Stromzufuhr zu kappen – ganze 95 Prozent der Elektrizität gelangen über ein Unterseekabel aus Frankreich nach Jersey. Das wiederum regt das Vereinigte Königreich auf. Es behauptet, rechtmäßig gehandelt zu haben, schließlich habe es die Europäische Kommission informiert. Zu spät, sagt diese: Ein Tag vor Inkrafttreten sei nicht ausreichend.

Dabei war Jersey nie Teil des Vereinigten Königreichs und erst recht nicht der Europäischen Union, denn es gehört der britischen Krone. Dadurch ist Großbritannien für die Außen- und Verteidigungspolitik der Insel und ihre Gewässer zuständig. Die französischen Fischer wollen aber weiterhin dort Muscheln fangen. So blockierten im Mai etwa 50 französische Boote den größten Hafen von Jersey. Dazu gesellten sich zwei Kriegsschiffe der Royal Navy sowie zwei der französischen Marine. Eskaliert ist die Lage aber nicht. Vermutlich auch, weil die beiden Länder die Situation schon kennen. 2018 kam es vor der Mündung der Seine zu einem Scharmützel auf See. Es flogen Feuerwerkskörper und Steine.

ORGANSPENDE WÄHREND CORONA

# Zehn Jahre warten

**Über 9.000 Menschen in Deutschland warten auf eine Transplantation, mitunter Jahre. Doch es fehlen Spenderorgane. Deswegen ist Deutschland auf Importe angewiesen. Die Leute hier würden zwar auch spenden – sagen es aber niemandem.**

## VON JASEMIN UYSAL

(1) Deutsche Stiftung Organtransplantation (DSO, Hg.): Jahresbericht. Organspende und Transplantation in Deutschland 2020, Frankfurt/Main 2021, S. 8.

(2) Azzi, Yorg u.a.: COVID-19 and Solid Organ Transplantation: A Review Article, in: Transplantation, (105)2021, S. 48.

(3) DSO (Hg.): COVID-19 und die Auswirkungen auf die Organspende – aus Sicht der Deutschen Stiftung Organtransplantation (DSO), auf: tagderorganspende.de (o.D.).

(4) Azzi u.a. 2021, S. 49.

(5) DSO 2021, S. 12.

(6) DSO o.D.

(7) Transplant Campus (Hg.): COVID-19: Immunreaktion gegen SARS-Cov-2 nach Organtransplantation, auf: transplant-campus.de (30.9.2020).

(8) Eurotransplant (Hg.): Deutschland, auf: eurotransplant.org (Stand 1.1.2021).

Ungewöhnlich: Trotz der Coronapandemie blieb die Zahl der Organspenden 2020 in Deutschland im Vergleich zum Vorjahr konstant. 913 Verstorbene spendeten insgesamt 2.941 Organe.[1] Damit waren es nur 19 Personen weniger als 2019. In Ländern wie den Niederlanden oder Großbritannien kam es besonders zu Beginn der Pandemie, in den Monaten März bis Mai, zwischenzeitlich zu einem Rückgang von bis zu 68 Prozent. In Frankreich waren es sogar über 90 Prozent.[2] Zur gleichen Zeit stiegen in Deutschland die Spenden sogar um 11,5 Prozentpunkte.[3] Wie gelang es Deutschland, dessen Organspendezahlen im europäischen Vergleich seit Jahren eher niedrig sind, während der Pandemie trotzdem so gut abzuschneiden?

Das Coronavirus hat die Politik und Krankenhäuser vor immer neue Herausforderungen gestellt, etwa: Wie können alltägliche medizinische Leistungen auch für nicht-Covid-infizierte Patient:innen sicher durchgeführt werden? Operationen für Menschen, die dringend ein lebensnotwendiges Organ brauchen, lassen sich nicht einfach aufschieben. Aus Sorge vor einer Überlastung des Krankenhauspersonals und der Intensivbetten, aber auch einfach aufgrund von Unwissenheit über die Ansteckungsgefahr bei Transplantationspatient:innen wurden weltweit zunächst viele Operationen ausgesetzt. Denn die bei dem Verfahren eingesetzten Medikamente schwächen das Immunsystem, weshalb ein höheres Infektionsrisiko vermutet wurde.

### Organspende? Jein!

Mit der Nutzung von PCR-Tests stieg im Frühsommer 2020 in Europa die Zahl der Transplantationen wieder.[4] Deutschland konnte mit Blick auf die anfänglichen Entwicklungen in Italien und mithilfe des Erfahrungsaustauschs mit Ärzt:innen weltweit frühzeitig Vorkehrungen treffen. Im März 2020 wurde beispielsweise ein digitales Intensivregister eingerichtet, in das Krankenhäuser ihre Behandlungskapazitäten eintragen müssen. Die Koordinierung der einzelnen Stellen zeigte, dass medizinisch begrenzte Ressourcen wie Intensivbetten effektiver ausgelastet und Organtransplantationen unter erhöhten Sicherheitsvorkehrungen weiterhin durchgeführt werden konnten.[5] Dadurch stieg die Zahl der Transplantationen in den ersten Monaten des letzten Jahres sogar.[6] Nun zeigen auch Studien, dass das Immunsystem transplantierter Patient:innen ausreichend stark bleibt und kein erhöhtes Infektionsrisiko besteht.[7]

Trotz der Erfolgsmeldungen ist klar: Die 2.941 im letzten Jahr gespendeten Organe reichen bei Weitem nicht für die 9.192 Menschen, die Anfang dieses Jahres in Deutschland auf der Warteliste für Niere, Lunge, Herz, Leber, Darm oder Bauchspeicheldrüse standen.[8] Dieses Defizit ist kein neues Phänomen, stattdessen gibt es sogar einen fast stetigen Rückgang von Organtransplantationen. Fehlt es am Interesse der Deutschen? Jein. Schon seit Jahren stehen die Menschen hierzulande der Organspende

50

KATAPULT

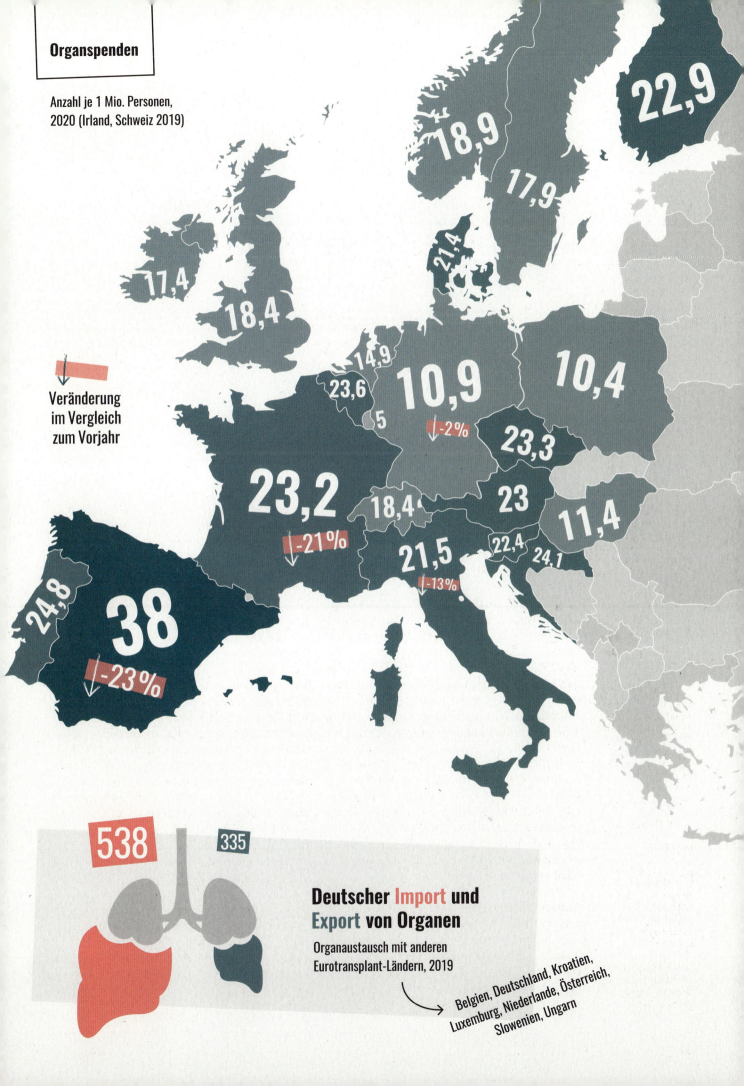

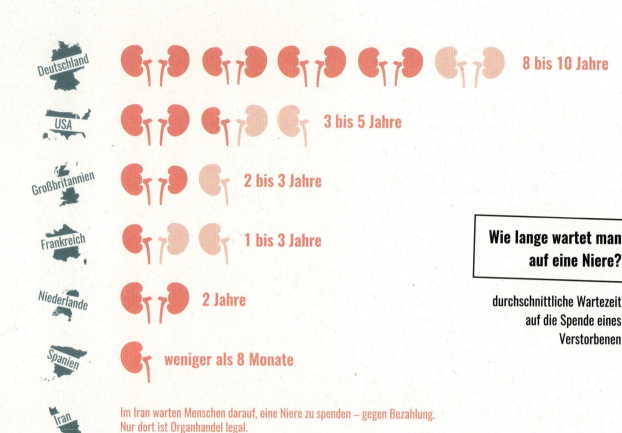

Im Iran warten Menschen darauf, eine Niere zu spenden – gegen Bezahlung. Nur dort ist Organhandel legal.

(9) Bundeszentrale für gesundheitliche Aufklärung (Hg.): Wissen, Einstellung und Verhalten der Allgemeinbevölkerung (14 bis 75 Jahre) zur Organ- und Gewebespende, auf: organspende-info.de (27.4.2021).

(10) DSO (Hg.): Jahresbericht Organspende und Transplantation in Deutschland 2019, Frankfurt/Main 2020, S. 62ff.

(11) Küpers, Max u.a.: Organspendeausweise bei Schockraumpatienten, in: Deutsches Ärzteblatt, (117)2020, Nr. 11, S. 185.

(12) DSO 2021, S. 76.

(13) International Registry in Organ Donation and Transplantation (Hg.): Worldwide Actual Deceased Organ Donors 2019, auf: irodat.org.

positiv gegenüber. Eine endgültige Entscheidung darüber, ob sie ihre eigenen Organe spenden würden oder nicht, haben einer repräsentativen Umfrage zufolge aber nur 62 Prozent getroffen. Noch weniger haben das auch in einem Organspendeausweis oder einer Patientenverfügung schriftlich festgehalten.[9] Bei Verstorbenen, die 2019 für eine Organspende infrage gekommen wären, hatte dies nicht einmal jeder Sechste.[10] Noch ernüchternder sind die Daten einer Studie der Universitätsklinik Essen: Gerade einmal knapp ein Prozent der 2.044 unfallchirurgischen Patient:innen, die dort zwischen Februar 2017 und März 2019 behandelt wurden, besaßen einen Organspendeausweis.[11] Einen Entschluss zu fassen und diesen zu dokumentieren, ist aber entscheidend, damit ein Organ überhaupt gespendet werden kann.

**Ausland spendet, Deutschland profitiert**
In Deutschland gilt derzeit noch eine Form der sogenannten Zustimmungsregelung. Ein Organ kann nur mit der persönlichen Einwilligung oder der eines Angehörigen nach dem Tod entnommen werden. Im Eurotransplant-Verbund, einer europaweiten Vermittlungsstelle von Spenderorganen, ist Deutschland damit das einzige der acht beteiligten Länder ohne Widerspruchsregelung. In Belgien, Luxemburg, den Niederlanden, Österreich, Ungarn, Slowenien und Kroatien ist jede:r grundsätzlich Organspender:in, solange er oder sie dem nicht widerspricht. Davon profitiert vor allem Deutschland: Insgesamt 538 Organe wurden 2019 aus dem Ausland importiert, aber nur 335 exportiert.[12] Es gibt Länder, in denen die Spendenbereitschaft besonders hoch ist: In Belgien etwa kamen 2019 auf eine Million Einwohner:innen 30,3 Spenden von Verstorbenen, in Spanien (ebenfalls Widerspruchsregelung) waren es sogar 49.[13] Mit 11,2 Spenden übersteigt Deutschland so gerade noch die kritische Marke von zehn, die als inoffizielle Richtlinie für ein funktionierendes Organspendesystem gilt.[14] Ob die Einführung einer Widerspruchsregelung das Spendenaufkommen vergrößern würde, ist umstritten.[15] Schließlich liegen die Raten etwa in den Niederlanden mit 14,9 Spenden je eine Million Menschen und Luxemburg mit 11,7 (im Jahr 2018) nicht deutlich höher.[16] Dennoch bleibt die Hoffnung, dass eine solche Regelung die Zahl der Organspenden in Deutschland erhöht.

**Bitte vor dem Sterben rechtzeitig Bescheid geben**

Deshalb stimmte der Bundestag im Januar 2020 über die Einführung der Widerspruchsregelung ab. Doch es blieb bei dem Gesetzentwurf, denn dessen Kritiker sahen das Selbstbestimmungsrecht der Deutschen gefährdet. Allerdings wurde die bestehende Zustimmungslösung um ein bundesweites Onlineregister erweitert. Ab März 2022 sollen Ärzt:innen so einen unmittelbaren Zugriff auf die Organspendeentscheidung verstorbener Patient:innen haben – sofern eine solche Entscheidung vorliegt. Zudem soll in Bürgerämtern Informationsmaterial bereitliegen, sollen Fahrschulen das Thema in der Führerscheinausbildung behandeln und Hausärzt:innen mehr beraten, um die Bevölkerung stärker für das Thema zu sensibilisieren.[17] Für diese Aufklärungsarbeit ist die Bundeszentrale für gesundheitliche Aufklärung (BZgA) zuständig, der jedoch trotz erhöhten Arbeitsaufwands nicht mehr Mittel zugesagt wurden. Auch das neue Onlineregister wurde kritisiert: Transplantations- und Intensivmediziner:innen beklagen, dass die Einsicht nur nach und nicht vor der Feststellung des Hirntodes eines Patienten möglich sein soll. Die Deutsche Stiftung Organtransplantation (DSO), die deutschlandweit die Organspenden koordiniert, befürchtet, dass dies zu weniger Organspenden führt. Denn um anderen Organe spenden zu können, müssen diese weiterhin am Leben gehalten werden. Diese medizinische Vorgehensweise kann aber nur gewählt werden, wenn der Patientenwille so früh wie möglich bekannt ist. Der Bundesrat hat nun eine Änderung des Gesetzentwurfs angekündigt. Damit sollen Ärzt:innen bereits bei der Vermutung eines Hirnfunktionsausfalls Einsicht in das Onlineregister bekommen.[18]

Die Feststellung des Hirntodes ist die wichtigste Voraussetzung, um eine Organtransplantation in Deutschland durchzuführen. Denn der unumkehrbare Ausfall der Hirnfunktion gilt als sicheres Todeszeichen. Der Hirntod muss durch zwei voneinander unabhängige Ärzt:innen diagnostiziert werden, die verschiedene, zeitlich versetzte Reflextests beim Patienten vornehmen. Beide sind vom späteren Transplantationsverlauf ausgeschlossen.[19] Damit weitere Schritte eingeleitet und das Organ transplantiert werden kann, muss der Fall an die DSO weitergeleitet werden. Diese prüft dann, ob eine Zustimmung zur Spende vorliegt. Diese Erkennungs- und Meldepflicht schien bislang in vielen, besonders in kleineren Krankenhäusern vernachlässigt worden zu sein – denn Organspenden sind dort ein eher seltener

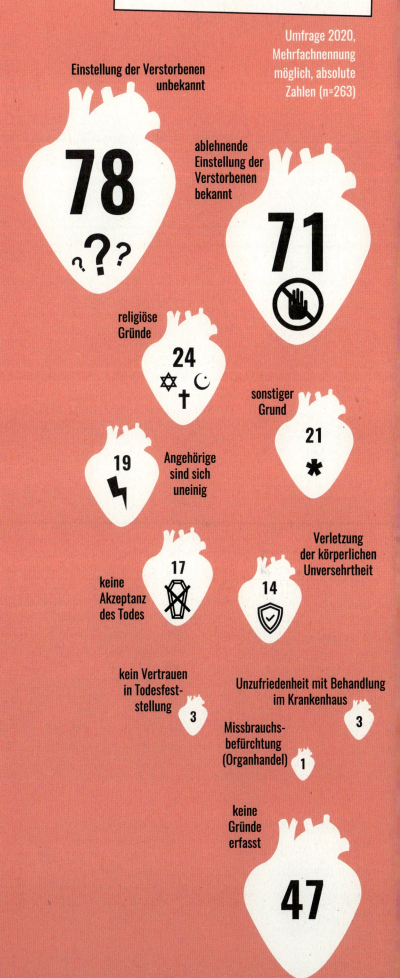

Vorgang. So wurde in 937 dieser 1.091 Krankenhäuser ohne Neurochirurgie 2019 keine einzige Organspende durchgeführt.[20] Eine Todesfallanalyse der DSO aus demselben Jahr verdeutlicht, dass 1.027 zusätzliche Patient:innen Organe hätten spenden können. Deutschland wäre so auf 23,6 Spender pro eine Million Einwohner gekommen.[21]

**Zehn Jahre Wartezeit**
Um mehr Transparenz beim Meldeverfahren möglicher Spenden zu schaffen und die Zusammenarbeit zwischen Entnahmekrankenhäusern und der DSO zu stärken, wurde 2019 das Transplantationsgesetz reformiert. Seitdem werden Krankenhäuser und Ärzt:innen, die Transplantationsbeauftragte sind, für jede Organtransplantation vergütet. Zu den Aufgaben von Transplantationsbeauftragten zählt es, mögliche Organspender:innen zu erkennen und den Transplantationsverlauf zwischen Ärzt:innen, Entnahmekrankenhäusern und der DSO zu koordinieren. Diese werden mit der Gesetzesreform dafür von ihrem eigentlichen Job freigestellt.[22] So nahm innerhalb eines Jahres die Zahl der Kontaktaufnahmen zur DSO um 2,5 Prozent zu.[23] Auch die Nachfrage nach Organspendeausweisen stieg laut BZgA in den ersten drei Monaten des Jahres 2020 auf mehr als 2,4 Millionen; 2017 waren es im gleichen Zeitraum gerade einmal 500.000.[24] Doch dann brachen die Zahlen wieder ein. Der durch die politische Debatte ausgelöste Enthusiasmus wurde von der Pandemie erstickt.[25]

Ein Organmangel besteht aber weiterhin. Er führt dazu, dass jedes Jahr über eintausend Menschen von der Warteliste gestrichen werden, weil sie entweder wegen ihres Gesundheitszustands nicht mehr für eine Transplantation infrage kommen – oder gestorben sind. Grob überschlagen betrifft das eine von vier bis fünf Personen.[26] Für die restlichen Wartenden dauert es im Schnitt acht bis zehn Jahre, bis überhaupt ein passendes Organ zur Verfügung steht. In den Niederlanden sind es durchschnittlich zwei Jahre.[27] Mit jedem verstrichenen Jahr verschlechtert sich aber auch der Zustand des oder der Patient:in und so auch die Wahrscheinlichkeit, zu überleben. ♦

**JASEMIN UYSAL**
KATAPULT

Dich zu Lebzeiten für oder gegen eine Organspende zu entscheiden, ist sinnvoll, auch damit Angehörige nicht mit dieser Entscheidung belastet werden. Sprich mit ihnen darüber und/oder vermerke deine Entscheidung im Organspendeausweis – dort kannst du der Organentnahme gegebenenfalls auch widersprechen. Einen Organspendeausweis erhältst du online auf www.organspende-info.de, www.bzga.de oder www.dso.de sowie telefonisch unter 0800/90 40 400.

---

(14) Ebd.; Zeit Online (Hg.): Immer weniger Deutsche wollen Organe spenden, auf: zeit.de (13.1.2018).

(15) Christen, Markus; Baumann, Holger; Spitale, Giovanni: Der Einfluss von Zustimmungsmodellen, Spenderegistern und Angehörigenentscheid auf die Organspende, Zürich 2018, S. 28.

(16) International Registry in Organ Donation and Transplantation 2019.

(17) Bundesministerium für Gesundheit (Hg.): Organspende wird reformiert – Bundestag beschließt Zustimmungslösung, auf: bundesgesundheitsministerium.de (20.3.2020).

(18) Rüssmann, Ursula: Kritik an Organspende-Gesetz – »Die Not der Wartenden kommt nicht vor«, auf: fr.de (15.2.2021).

(19) Gorse, Christiane: Diagnose: Hirntod, auf: planet-wissen.de (8.2.2019).

(20) Braun, Felix; Rahmel, Axel: Änderungen im Transplantationsgesetz und Auswirkungen auf das Spenderaufkommen in Deutschland, in: Der Chirurg, (91)2020, S. 910f.

(21) DSO (Hg.): Presseinformation: Erste Erkenntnisse aus der bundesweiten Todesfallanalyse, auf: dso.de (3.11.2020).

(22) Braun/Rahmel 2020, S. 910.

(23) DSO 2021, S. 12.

(24) Herholz, Andreas: Spahn und Baerbock: Bereitschaft zur Organspende wächst, auf: pnp.de (6.6.2020).

(25) Zeit Online (Hg.): Nachfrage nach Organspendeausweisen geht zurück, auf: zeit.de (13.2.2021).

(26) Deutsche Transplantationsgesellschaft (Hg.): »Ein Tropfen auf dem heißen Stein« – keine Trendwende bei Organspende in Sicht, auf: d-t-g-online.de (15.10.2020).

(27) Deutsche Transplantationsgesellschaft (Hg.): »Wir brauchen kreative Lösungen im Bereich der Lebendspende«, auf: d-t-g-online.de (16.10.2020).

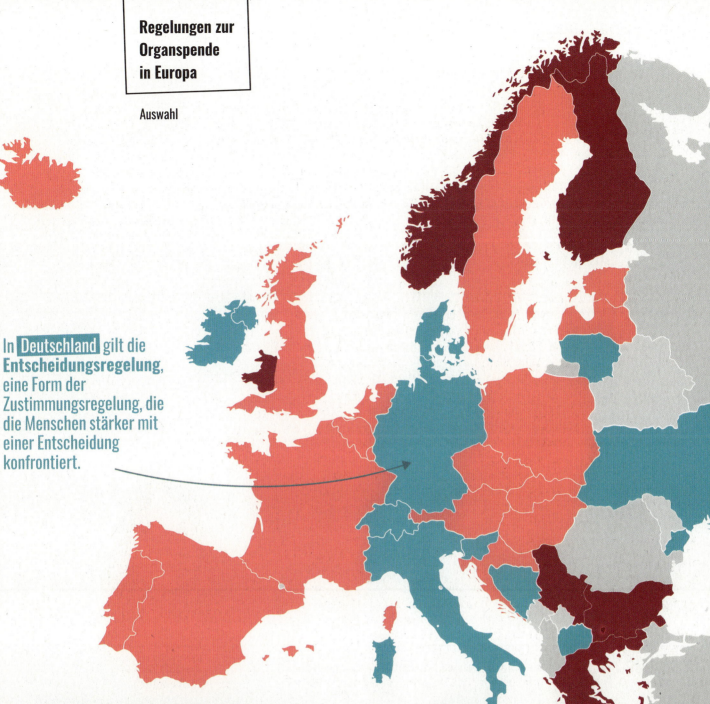

# FRAGMENTE

Der weltweit pro Jahr produzierte Beton ...

... reicht für eine Mauer um den Äquator mit 0,4 m Breite und 1.000 m Höhe

NACHHALTIGKEIT

## Beton gegen Klima

Die Menschheit produziert so viel Beton, dass langsam der Sand ausgeht. Abgesehen davon verursacht die Herstellung von einem Kubikmeter Stahlbeton im Schnitt bis zu 340 Kilogramm Kohlenstoffdioxid und: Für den Bau einer herkömmlichen PKW-Garage werden schon gut 17 Kubikmeter Stahlbeton benötigt. Das bedeutet einen Ausstoß von 5,6 Tonnen Kohlenstoffdioxid nur für eine Garage. Hochgerechnet auf die gesamte jährliche Betonproduktion ist der $CO_2$-Ausstoß dreimal so hoch wie der des gesamten Flugverkehrs.

Allein drei Milliarden Tonnen $CO_2$ werden jährlich bei der Produktion von Zement ausgestoßen. Zement dient als Bindemittel bei der Herstellung von Beton. Trotz der hohen Zahlen wird nicht am Material gespart. Weil Städte immer weiter wachsen, gehen Experten von einem weiteren Anstieg des Betonverbrauchs aus. Beton ist der einzige stabile Baustoff, der in beliebige Formen gebracht werden kann.

OPEN SOURCE

# Nichtkommerzielle Software explodiert

Seit Beginn der Coronapandemie steigt die Beteiligung an Open-Source-Projekten. Das verzeichnet GitHub, einer der größten netzbasierten Dienste zur Verwaltung von Softwareprojekten. Open-Source-Software ist in der Regel kostenlos, ihren Quelltext kann jeder öffentlich einsehen, ändern und nutzen. Beliebte Programme wie Firefox, VLC media player und LibreOffice sind Open-Source-Software. Relevant sind solche Projekte auch für Unternehmen. Eine Studie ergab, dass rund 80 Prozent der befragten IT-Unternehmen bereits Open-Source-Programmiersprachen verwenden oder dies planen.

Besonders wichtig wurden Open-Source-Projekte aber auch, um die Coronakrise in den Griff zu bekommen. Ein Jahr nach Ausbruch der Pandemie sind auf GitHub über 8.100 neue Softwareprojekte unter dem Stichwort »Covid-19« veröffentlicht worden. Darunter zum Beispiel auch die deutsche Corona-Warn-App oder die Software des Meldesystems der Gesundheitsämter – Sormas. Wahrscheinlich werden sich deswegen in Zukunft noch viel mehr Menschen mit Open-Source-Projekten auseinandersetzen. Laut der jährlichen Datenanalyse geht es jetzt schon damit los. Im Vergleich zum Vorjahr ist die Beteiligung an öffentlicher Software um 50 Prozent höher. Entwickler und Entwicklerinnen scheinen hier vor allem freie Zeit für die Arbeit an Open-Source-Projekten zu nutzen. Die Aktivität an öffentlichen Projekten ist am Wochenende im Schnitt doppelt so hoch wie an Werktagen.

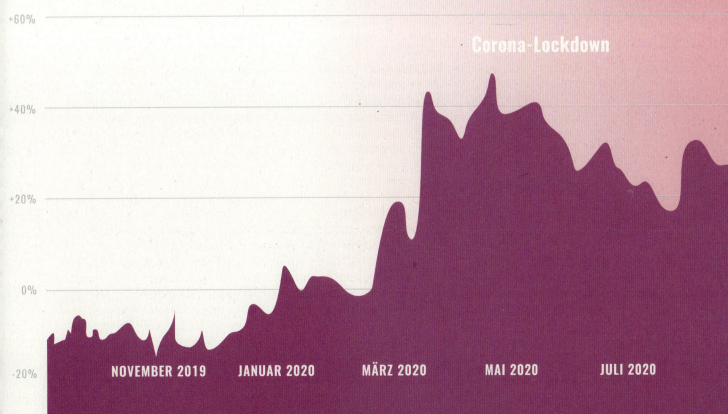

Beteiligung an Open-Source-Projekten

Aktivität im Vergleich zum Vorjahr

NATIONALISMUS IN UNGARN

# Orbáns enttäuschte Arbeiter

**1989 bricht in Ungarn der Staatssozialismus zusammen, die Gesellschaft sehnt sich nach Wohlstand. Der bleibt aber aus. Stattdessen wird ein Großteil der Industrie vernichtet. Viele verlieren ihre Arbeit und geben den Linken die Schuld. Seitdem herrscht der Autokrat Viktor Orbán.**

VON **ALEXANDER FÜRNIß**

(1) Kingsley, Patrick: How a Liberal Dissident Became a Far-Right Hero, in: Hungary and Beyond, auf: nytimes.com (6.4.2018).

(2) Scheiring, Gábor: Left Behind in the Hungarian Rustbelt: The Cultural Political Economy of Working-Class Neo-Nationalism, in: Sociology, (54)2020a, Nr. 6, S. 1161.

(3) Ebd., S. 1163f.

Im sozialistischen Ungarn bittet 1988 ein junger Student um ein Stipendium für sein Forschungsvorhaben. Dabei soll es um eine basisdemokratische Stärkung der Zivilgesellschaft gehen. In seinem Bewerbungsschreiben begründet er das Vorhaben damit, dass das Land am Scheideweg zwischen Diktatur und Demokratie stehe. Sein Name: Viktor Orbán. 1990 wird Orbán zum Vorsitzenden einer jungen, liberalen Partei gewählt: der Fidesz. Damals spricht er sich gegen Nationalismus aus.[1] Doch schon 1993 verdrängt Orbán das liberale Lager und führt die Partei in eine nationalistische Richtung. Heute ist Orbán ungarischer Regierungschef, wird von vielen Medien als Autokrat bezeichnet und ächtet Migranten, Arbeitslose und andere Minderheiten. Mit Erfolg. Viele Arbeiter geben Orbáns Partei heute ihre Stimme – obwohl sie früher mehrheitlich die Sozialdemokraten wählten. Wie kam es dazu?

Als 1989 die demokratische und parlamentarische Republik ausgerufen wurde, wandelte sich Ungarn von einer Plan- zu einer Marktwirtschaft. Die Sozialdemokraten regierten – mit Ausnahme einer Legislaturperiode – von 1994 bis 2010. Ausländische Firmen investierten verstärkt in Ungarn – das Land wurde in eine vernetzte, globalisierte Welt integriert. Menschen mit höherer Bildung, Kontakten und Geld konnten sich leichter in die globale Wirtschaft eingliedern. Meistens lebten sie auch dort, wo viel investiert wurde: in wirtschaftlichen Zentren, also Städten und Orten mit guter Lage und Anbindung. Die weniger Qualifizierten – etwa Stahlarbeiter – aus den lokalen Fabriken verblieben und arbeiteten hingegen dort, wo sie auch ursprünglich herkamen. Ihre Chancen, sich in den globalen Markt zu integrieren, waren geringer. Warum? Weil Geld eher dort investiert wird, wo schon viel davon vorhanden ist – und das sind eher die Städte und reicheren Zentren. Die neuen Zentren der Großstädte saugten praktisch Kapital aus den alten Industriegebieten ab. Sie setzten nicht mehr auf das alte Gewerbe, sondern auf neue Technologien und Innovation.[2] Eine Folge dieser Entwicklung war, dass die ehemaligen Industriestandorte von den wachsenden Regionen abgehängt wurden.

**Ungarn überholt USA und Großbritannien**
Mit diesem Problem hatten auch andere Volkswirtschaften zu kämpfen, etwa die USA oder Großbritannien. Doch in keinem Land war der Prozess der Deindustrialisierung so tiefgreifend wie in Ungarn: Im verarbeitenden Gewerbe sank die Zahl der Beschäftigten ab 1989 innerhalb weniger Jahre um 40 Prozent. Die Arbeitslosigkeit und die Sterblichkeitsrate stiegen an.[3]

Gábor Scheiring von der Universität Cambridge und Kristóf Szombati von der Zentraleuropäischen Universität in Wien beschreiben, wie die Sozialdemokraten in den 1990er-Jahren tiefgreifende Reformen in Ungarn einleiteten. Damit wollte das Land seine Staatsausgaben reduzieren. Das bedeutete: gekürzte Sozialausgaben, etwa bei der Renten- und Arbeitslosenversicherung, und eine privatisierte Energie- und Wasserversorgung. Zugleich wollte die Regierung Anreize

58

**K**ATAPULT

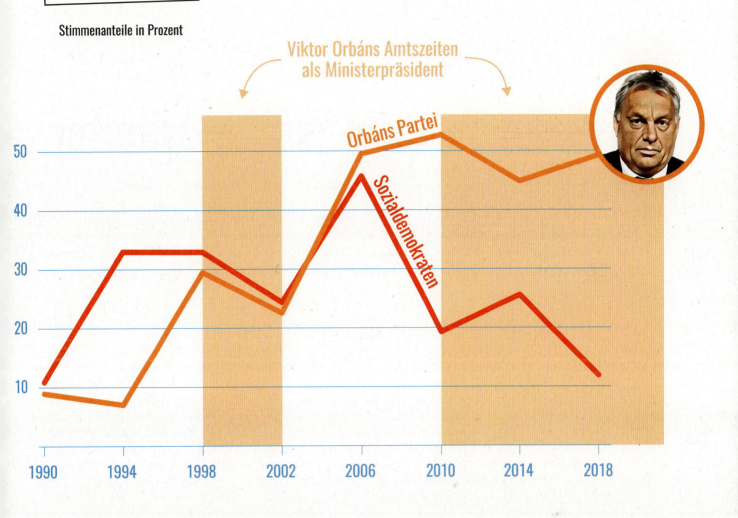

**Wahlergebnisse der Fidesz und der MSZP**

Stimmenanteile in Prozent

Viktor Orbáns Amtszeiten als Ministerpräsident

Orbáns Partei

Sozialdemokraten

schaffen, die Investoren zum Bau von Wohnungen anregen und die Bevölkerung dazu bringen sollten, mehr zu konsumieren. Mithilfe von Krediten westlicher Banken erhoffte sich der Staat, die stagnierenden Gehälter anzuheben. Als aber 2007 die Banken pleitegingen, konnte diese Politik nicht fortgesetzt werden. Hunderttausende Familien verschuldeten sich. Diese Umstände führten zum Zusammenbruch der linksliberalen Regierung.[4] 2010 gewann die nationalkonservative Partei Fidesz die Parlamentswahlen mit einer Zweidrittelmehrheit. Seitdem regiert Ministerpräsident Viktor Orbán und hält die Opposition in Schach. In seiner Regierungszeit sank die Arbeitslosigkeit, und er begünstigte einheimische Firmen, wodurch Ungarn teilweise unabhängiger von ausländischen Unternehmen wurde. Er versucht das als seinen Erfolg zu verkaufen, obwohl auch andere Faktoren die bessere wirtschaftliche Lage begünstigt haben. Außerdem widerspricht Orbán klar der EU-Linie für offene Grenzen und der Verteilung von Migranten in Europa – mit viel Zuspruch aus der Bevölkerung.

**Scheiß Staatssozialismus, aber danke für die Wohnung**

Um zu verstehen, wieso Orbán diesen Zuspruch bekommt, muss man die Umbrüche des Landes genauer betrachten. Die wirtschaftlichen und strukturellen Veränderungen durch den Eintritt in die kapitalistische Marktwirtschaft beeinflussten das Wahlverhalten der ungarischen Arbeiterklasse, die zuvor häufig die Sozialdemokraten gewählt hatte. Doch in den 2000er-Jahren wandten sich Arbeiter und Kleinunternehmer zunehmend der Fidesz und in geringerem Maße der rechtsradikalen Partei Jobbik zu. Nur die leitenden Manager wählten 2013 und 2014 als einzige Berufsgruppe noch mehrheitlich sozialdemokratisch. Laut einer Umfrage aus dem Jahr 2009 war die Fidesz bei Arbeitern die beliebteste Partei.[5] Wie kamen sie mit dem neuen System zurecht? Der Wirtschaftswissenschaftler Gábor Scheiring untersuchte die Erfahrungen ungarischer Arbeiter mit dem Übergang vom Sozialismus zum Kapitalismus. Dafür interviewte er zwischen September 2016 und Januar 2017 ins-

(4) Scheiring, Gábor; Szombati, Kristóf: From neoliberal disembedding to authoritarian re-embedding: The making of illiberal hegemony in Hungary, in: International Sociology, 2020, S. 4f.

(5) Scheiring, Gábor: The Retreat of Liberal Democracy. Authoritarian Capitalism and the Accumulative State in Hungary, Palgrave Macmillan, Cham, 2020b, S. 170f.

## Veränderung der Einkommensverteilung

Gini-Werte, in Prozent

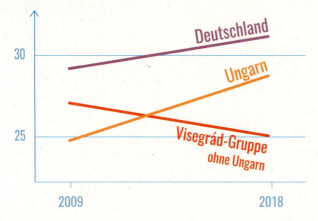

(6) Scheiring 2020a, S. 1161f.

(7) Scheiring, Gabor u.a.: Deindustrialization and Deaths of Despair: Mapping the Impact of Industrial Decline on Ill Health, Amherst 2020, S. 43.

(8) Scheiring 2020a, S. 1165f.

(9) Ebd., S. 1166f.

(10) Scheiring/ Szombati 2020, S. 5.

(11) Scheiring 2020a, S. 1167.

gesamt 82 durchschnittlich qualifizierte Arbeiter aus vier ungarischen Städten – ehemalige Industriehochburgen der Stahl- und Zuckerindustrie – und analysierte, inwiefern die Arbeiterklasse sich dem Nationalismus zuwandte.[6] Ihr Durchschnittsalter lag 1989 bei Mitte 30.[7] Damit haben sie beide Systeme erlebt, das sozialistische und das kapitalistische, und können sie gut miteinander vergleichen.

Die befragten Arbeiter verachten rückblickend auf der einen Seite den Staatssozialismus. Sie genossen im alten System nämlich keine politischen Freiheiten und sind der Meinung, dass das Wirtschaftsmodell im Sozialismus nicht nachhaltig war. Dennoch verbinden sie auch positive Erinnerungen mit dieser Zeit: etwa an dauerhafte Beschäftigung, eine geringe Ungleichheit und vom Staat geförderte Wohnungen. Damit war eine solide materielle Lebensgrundlage gewährleistet. Neben der Jobsicherheit berichten die Studienteilnehmer von einer fürsorglichen Wertschätzung und gegenseitigem Vertrauen unter Arbeitern im alten System allgemein.[8] Anhand dieser Erfahrungen bewerten sie auch die heutigen marktwirtschaftlichen Verhältnisse.

### Nestlé in Ungarn

Doch mit dem neuen politischen System hat sich auch die persönliche Situation der Arbeiter geändert. Ein Beispiel: Als Anfang der Neunzigerjahre der weltgrößte Nahrungsmittelkonzern, Nestlé – heute bekannt für illegale Preisabsprachen, Kinder- und Zwangsarbeit –, nach Ungarn kam, so berichtet einer der Befragten, habe es ein Straßenfest zur Begrüßung des Unternehmens gegeben. Nestlé war nur eine von vielen privaten Firmen, die sich in den Arbeiterregionen niederließen. Die Ungarn waren überzeugt, so die Befragten, dass in ihre Heimatregionen von nun an durch finanzstarke Unternehmen aus dem Westen der Wohlstand einziehen würde. Stattdessen verloren viele ihren Arbeitsplatz, weil inländische Unternehmen verdrängt wurden und in den 1990ern schließen mussten. In der Folge stieg die Angst, den Job zu verlieren. Familien zogen in günstigere Wohngegenden, daher schlossen auch Betriebe aus anderen Bereichen, etwa Restaurants oder Unterhaltungseinrichtungen.[9] Ungarn hatte im Jahr 2009 mit nur 55 Prozent eine der niedrigsten Beschäftigungsquoten in Europa.[10]

Dazu kommt, dass sich die Menschen zunehmend ausgebeutet fühlten. Einer der Befragten beschreibt die Situation der Arbeiter wie »Sklaven« für den Westen. Die ausländischen Unternehmen seien für diesen Missstand verantwortlich. Die verbliebenen Unternehmen nahmen an anderer Stelle Kosteneinsparungen vor, sie schafften etwa Firmenwohnungen ab oder kürzten Urlaubstage. Scheiring zufolge sorgte die Frustration der Arbeiter mitunter dafür, dass die lokalen, im Sozialismus in Ungarn üblichen Unternehmensgemeinschaften zerbrachen.[11]

> Die Fidesz versprach, den Staat seinen rechtmäßigen Eigentümern zurückzugeben: hart arbeitenden Menschen und Unternehmern

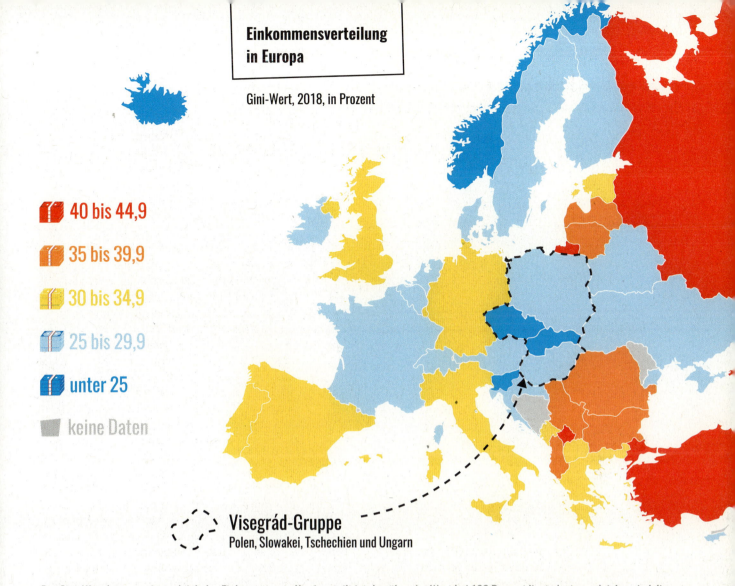

**Einkommensverteilung in Europa**

Gini-Wert, 2018, in Prozent

- 40 bis 44,9
- 35 bis 39,9
- 30 bis 34,9
- 25 bis 29,9
- unter 25
- keine Daten

**Visegrád-Gruppe**
Polen, Slowakei, Tschechien und Ungarn

Der Gini-Wert besagt, wie ungleich das Einkommen pro Kopf verteilt ist. Je näher der Wert bei 100 Prozent liegt, desto ungleicher sind die Einkommen verteilt. Bei 0 Prozent hätten alle Personen das gleiche Einkommen.

### Fidesz, wo bleibt mein Geld?

Unterstützung von den Gewerkschaften gab es damals nicht. Diese waren in den 1990er- und 2000er-Jahren stark geschwächt. Sie verfügten nicht über genügend intellektuelle und organisatorische Ressourcen. Zusätzlich taten die linksliberalen Regierungen in diesen Jahrzehnten nicht genug, um die Gewerkschaftsbewegung zu stärken, die allmählich an Mitgliedern einbüßte. Gerade weil die Fidesz an diesen Entwicklungen nicht beteiligt war, glaubten viele befragte Arbeiter, Orbáns Partei könne den gescheiterten Übergang in das kapitalistische System korrigieren. Die Fidesz versprach nämlich, die nationale Gemeinschaft wieder zu festigen, indem sie den Staat seinen rechtmäßigen Eigentümern zurückgeben würde: hart arbeitenden Menschen und Unternehmern.[12]

Doch die Bevölkerung litt nicht nur unter schlechten Arbeitsverhältnissen, sondern verschuldete sich zunehmend. 2010 war etwa jeder vierte Bürger mit Zahlungen im Rückstand. Zwischen 2002 und 2010 verzeichnete Ungarn die höchste Verschuldung privater Haushalte in der Visegrád-Region, also in Polen, der Slowakei, Tschechien und Ungarn.[13] Anhand vieler Interviewpassagen macht Scheiring deutlich, dass die neuen demokratischen Rechte für die Befragten nicht viel bedeuten konnten, wenn sie letztlich nicht materiell abgesichert waren. In einem der Interviews heißt es: »Das ist Freiheit: keine Ketten, aber auch kein Essen.«[14] Im Vergleich zu 2010 hat Ungarn die Verschuldungsrate zum verfügbaren Einkommen fast halbiert.[15]

### Ungleichstes Land der Visegrád-Gruppe

Viele ungarische Bürger erhofften sich nach 1989 eine Besserung ihrer Lebensumstände. Doch sie litten schwer. Der Frust war und ist immer noch enorm. Er summierte sich zu einer gemeinsamen

(12) Scheiring/Szombati 2020, S. 6f.

(13) Scheiring, Gabor: ORBANOMICS. A polarising answer to the crisis of liberal dependent capitalism, Budapest 2020c, S. 5.

(14) Scheiring 2020a, S. 1167.

(15) Jerzy, Nina: In diesen Ländern sind Haushalte am höchsten verschuldet, auf: capital.de (25.8.2020).

# Top 6 Import- und Exportpartner Ungarns

Anteil an den ungarischen Gesamtim- und -exporten, in Prozent, 2020

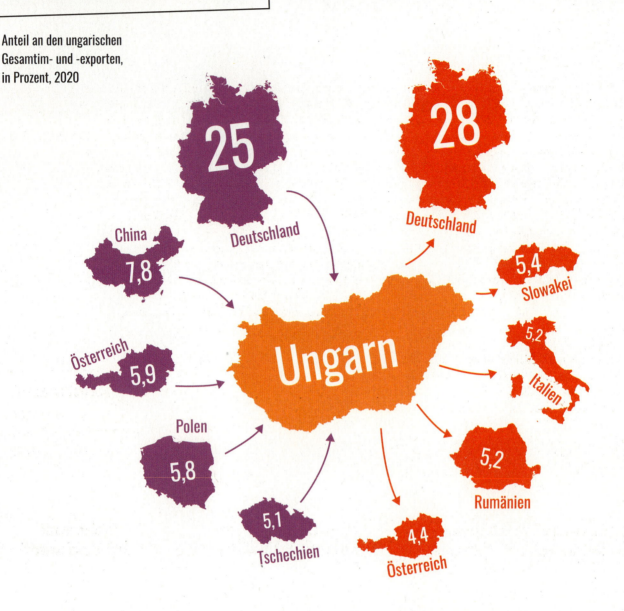

(16) Scheiring 2020a, S. 1171.

(17) Scheiring/Szombati 2020, S. 9f.

(18) Ebd., S. 7f.

(19) Scheiring 2020c, S. 11.

(20) Wessenauer, Veszna: Wie Viktor Orbán die ungarische Presse kontrolliert, auf: libmod.de (18.1.2018).

Erzählung der Arbeiter. Jene, die sich beim Übergang zur Marktwirtschaft zurückgelassen gefühlt haben, können diese Geschichte nun erzählen. Damit bilden sie eine neue, exklusive Gemeinschaft, der sie sich zugehörig fühlen: den gemeinsam Gescheiterten, die sich als »Nation« begreifen. Nicht zur Nation gehören diejenigen, die vermeintlich den Steuerzahlern auf der Tasche liegen, etwa Ausländer oder »unwürdige Arbeiter«, die den Befragten zufolge allesamt die Nation bedrohen würden – diese Erzählung nutzt auch die Fidesz. Aus Sicht der Befragten kann die Nation Gemeinschaft und Solidarität wiederherstellen und bietet den Zurückgelassenen ein Gefühl der Zugehörigkeit. Die Arbeiter sehen sich als gute Mitglieder der Nation, die es verdienen, wertgeschätzt zu werden. Auf diese Weise können sie leichter ihre Würde bewahren.[16] Die »hart arbeitenden« Menschen müsse man belohnen. Nach dieser Logik ist der Einzelne an seinem Schicksal selbst schuld. Diese Ideologie verschleiert, dass der ungarische Staat durch eine Politik für Reiche aktiv Armut erschafft und verstärkt. Aber auch mit einer exklusiven Wohlfahrtspolitik schafft er Armut: Familien mit mindestens zwei Kindern und mindestens einem erwerbstätigen Erwachsenen erhalten Steuererleichterungen und andere Subventionen. Alleinerziehende Mütter, Menschen mit Behinderung oder Arbeitslose dagegen werden daran gehindert, diese Unterstützungen für die Kindererziehung in vollem Umfang in Anspruch zu nehmen.[17]

Als das Land begann, sich von der Weltwirtschaftskrise von 2007 zu erholen, veränderte sich die Situation für die Mittelschicht und die Arbeiter erstmals seit der Integration in die globale Wirtschaft zum Positiven. Die Reallöhne stiegen zwischen 2010 und 2018 durchschnittlich um rund 13 Prozent. Doch zugleich stieg mit Orbáns Amtsantritt der Anteil der erwerbstätigen Armen an der Bevölkerung. Das sogenannte Sozialeinkommen etwa ist der zusätzliche Lohn, den der

Einzelne vom ungarischen Staat erhält. Dieses verringerte sich für die untere Hälfte der Einkommensbezieher zwischen 2009 und 2016 um rund neun Prozent. Für das obere Zehntel stieg es dagegen um 42 Prozent. Das heißt, dass der ungarische Staat unter Orbán eine Wirtschaftspolitik zugunsten der Reichen und zulasten der Armen verfolgte:[18] Ungarn ist mittlerweile im Hinblick auf die Verteilung der Einkommen das ungleichste Land in der Visegrád-Region, steht jedoch im europäischen Vergleich (noch) ganz gut da.

**Bürgermeister und Hooligans für Orbán**

Bei Orbáns erster Wiederwahl 2014 sank der Anteil der Stimmen aus der Arbeiterschicht im Vergleich zur Parlamentswahl von 2006. Damit verlor die Fidesz nach ihrem großen Wahlerfolg von 2010 viele ehemalige linke Stammwähler. Sozialausgaben etwa waren gekürzt und ehemals erkämpfte Arbeitsrechte per Dekret unterlaufen worden. Zudem betrieb die Regierung unter Orbán weiterhin eine Politik für die Wirtschaftselite. Das heißt, er verlor in seinen Amtsjahren nach 2010 viele Wählerstimmen der ehemaligen Linken, auch wenn es zu einer Wiederwahl reichte. Dass aber etwa bei der Kommunalwahl 2019 in einigen Großstädten die Opposition gewinnen konnte, zeigt Scheiring zufolge, dass Orbáns Politik angreifbar ist.[19] Dennoch unterstützen immer noch weite Teile der Bevölkerung den Ministerpräsidenten.

Seit Orbán an der Macht ist, unternimmt er viele Schritte, um bei den Parlamentswahlen bessere Chancen als seine Gegner zu haben. Die Fidesz kontrolliert mittlerweile große Teile der öffentlich-rechtlichen Medien. Regierungs-

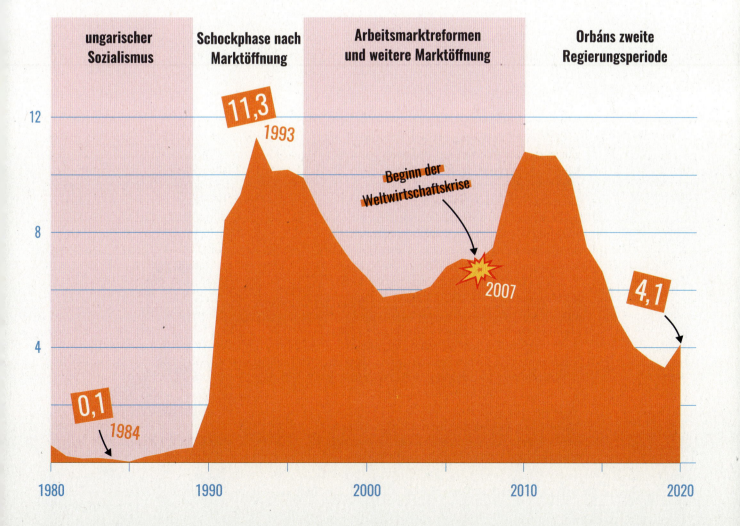

## Wie gut findet die Arbeiterklasse die Fidesz und die MSZP?

Altford-Index

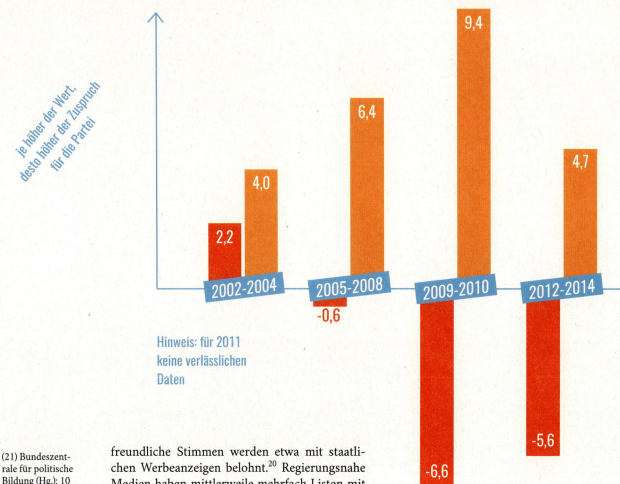

je höher der Wert, desto höher der Zuspruch für die Partei

2002-2004: 2,2 / 4,0
2005-2008: -0,6 / 6,4
2009-2010: -6,6 / 9,4
2012-2014: -5,6 / 4,7

Hinweis: für 2011 keine verlässlichen Daten

---

(21) Bundeszentrale für politische Bildung (Hg.): 10 Jahre Fidesz-Regierung: Lage der Demokratie in Ungarn, auf: bpb.de (30.4.2020).

(22) Handelsblatt (Hg.): EU verärgert über Ungarns Verfassungsänderung, auf: handelsblatt.com (11.3.2013).

(23) Scheiring/Szombati 2020, S. 9.

(24) The Economist (Hg.): How Hungary's leader, Viktor Orban, gets away with it, auf: economist.com (4.4.2020).

(25) Verseck, Keno: Ungarn: Orbáns Parallelstaat, auf: dw.com (28.4.2021).

freundliche Stimmen werden etwa mit staatlichen Werbeanzeigen belohnt.[20] Regierungsnahe Medien haben mittlerweile mehrfach Listen mit regierungskritischen Journalisten veröffentlicht.[21] Nichtregierungsorganisationen werden in Ungarn durch ein neues Gesetz benachteiligt. Eine Verfassungsänderung beschränkte darüber hinaus die Befugnisse des Verfassungsgerichts. Damit greift die ungarische Regierung in die Unabhängigkeit der Justiz ein. Kurzum: Orbán behindert die Justiz, Journalisten, Nichtregierungsorganisationen, aber auch andere Kritiker, beispielsweise in Universitäten und Gewerkschaften.[22]

Die Fidesz verlässt sich zudem auf lokale Bürgermeister, die ärmere Bürger dazu drängen, die Partei bei Wahlen zu unterstützen; sie mobilisierte sogar Fußball-Hooligans, um zu verhindern, dass Abgeordnete der Opposition ein Referendum initiieren.[23] Orbán sagte vor seinem Amtsantritt 2010 einmal vorausschauend: »Wir müssen nur einmal gewinnen, aber dann richtig.«[24] Zur Wahl im Jahr 2022 treten die sechs wichtigsten ungarischen Oppositionsparteien als gemeinsames Bündnis gegen Fidesz an – die derzeit wohl einzige Chance, Orbán zu stürzen.[25]

**ALEXANDER FÜRNIß**
KATAPULT

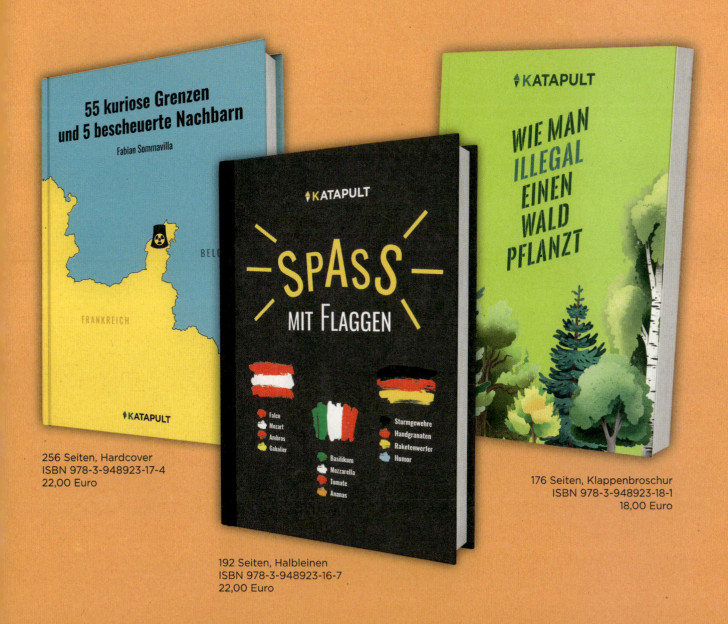

**Wie sind die Sitze im Parlament angeordnet?**

bei Zweikammersystemen Darstellung des Unterhauses

SOCIAL SCORING

# Flugtickets nur für vorbildliche Bürger

**Das ist in China normal. Doch überall auf der Welt sollen Zahlen Menschen einordnen – zum Beispiel in der Schule, im Beruf oder im Straßenverkehr. Inzwischen gibt es etliche komplexe Bewertungssysteme. Klingt fair? Kommt immer darauf an, wer sie erstellt und welche Daten für relevant erachtet werden. Weißt du genau, was die Schufa von dir hält?**

## VON **IRIS BECKER**

Das EU-Parlament ist besorgt. Es sieht die Grundrechte der Bürger in Gefahr. Und zwar, weil Firmen und öffentlichen Stellen Social Scoring betreiben könnten. Um so einen Score zu erhalten, wird das alltägliche Verhalten von Menschen beobachtet, bewertet und in eine Zahl zusammengerechnet. Anhand dieses Wertes wird der Mensch dann beurteilt. In die Berechnung der Scores können verschiedene Informationen einfließen: Alter, Geschlecht, Vermögen, Schulnoten, Körpergröße, Wohnort, Zuverlässigkeit bei Zahlungen und so weiter. Je nachdem, zu welchem Zweck die Person beurteilt werden soll. Ein guter Score bringt Vorteile, ein schlechter Nachteile. Mit solchen Bewertungssystemen entscheiden zum Beispiel Onlinehändler automatisch, wer auf Rechnung bestellen darf und wer vorab bezahlen muss. Doch auch das Sozialverhalten der Person kann in die Bewertung miteinfließen. Dann zählt zum Beispiel, ob die Person ehrenamtlich tätig ist, ob sie in der Freizeit Sport treibt oder ob sie sich eher vorsichtig oder risikofreudig verhält.

Komplexe Computerprogramme können enorme Datenmengen über eine Person zu einem Score zusammenrechnen. Dafür muss man sie allerdings auch mit sehr vielen Daten füttern. Daher kommt die Sorge des EU-Parlaments und etlicher Daten- und Verbraucherschützer, die Ende Januar 2021 allesamt forderten, Social Scoring von öffentlichen Stellen zu verbieten und Privatunternehmen zumindest streng zu kontrollieren.[1] Denn theoretisch wäre es möglich, Daten über eine Person aus allen Behörden zusammenzunehmen und daraus einen Score zu errechnen, der den Bürger bewertet. Bonuspunkte könnte es dann für Ehrenämter und Teilnahme an Wahlen geben, negative Bewertungen für begangene Ordnungswidrigkeiten und Schwarzfahren. Ein guter Bürger würde auf dem Amt bevorzugt behandelt. Wer einen schlechten Score hat, müsste länger auf seine Termine warten oder dürfte keinen Reisepass beantragen.

### Ein Wert bestimmt über alles

In China wird ein solches Social-Scoring-System bereits erprobt. Angefangen hat es Anfang der 2000er-Jahre mit der Bewertung der Kreditwürdigkeit der Bürger. Ein zentrales staatliches System für alle 1,4 Milliarden Einwohner wollte die chinesische Regierung nach einer Testphase einführen. Diese sollte bis 2020 dauern, der Start des umfassenden Scorings verzögert sich aber anscheinend.[2] Inzwischen gibt es etliche Pilotprojekte, jede Region entwickelt eigene Scoring-Systeme. In die verschiedenen Systeme fließen immer mehr Informationen zur

(1) Europäisches Parlament (Hg.): Künstliche Intelligenz: Fragen der Auslegung und Anwendung von internationalen Rechtsvorschriften, auf: europarl.europa.eu (20.1.2021).

(2) Sartorius, Kim: Social Scoring in China, auf: heise.de (8.5.2020).

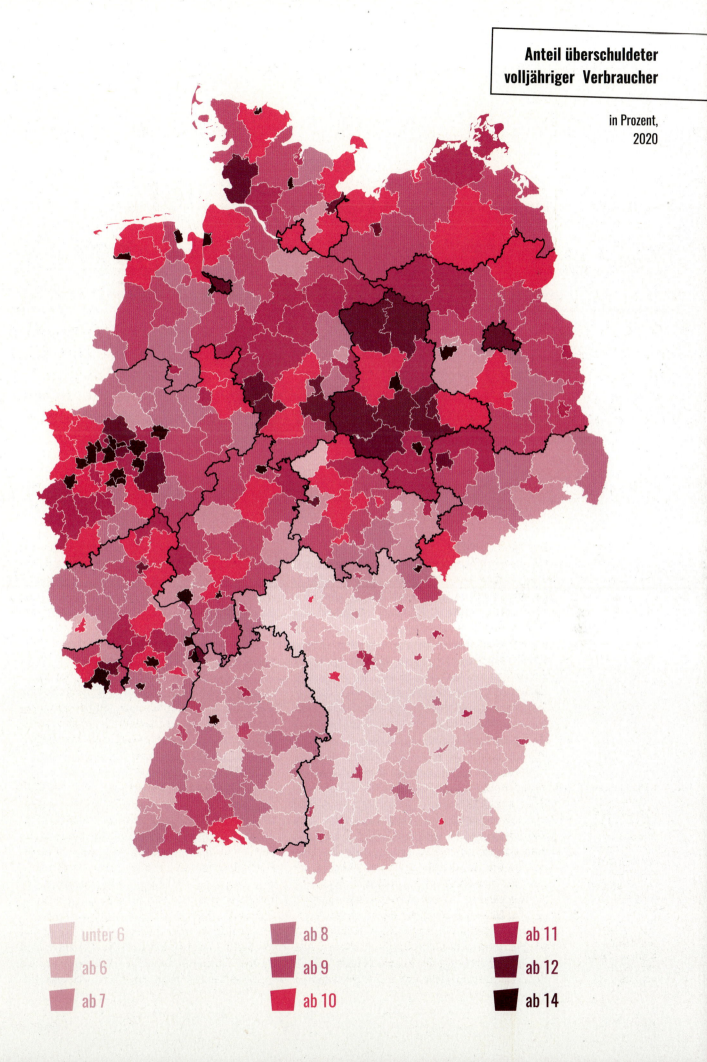

**Kriterien, von denen die Mehrheit glaubt, die Schufa nutze sie zur Einschätzung der Kreditwürdigkeit**

Alter

derzeitige Abzahlung eines Kredits

Höhe des Vermögens

endgültig nicht bezahlte Rechnungen

Nationalität

Beruf

**Kriterien, die die Schufa tatsächlich nutzt**

Alter

derzeitige Abzahlung eines Kredits

endgültig nicht bezahlte Rechnungen

Kreditwürdigkeit der Nachbarschaft

---

(3) Chen, Yongxi: Die Entwicklung des Social Credit Systems, in: Gapski, Harald; Packard, Stephan (Hg.): Super-Scoring? Datengetriebene Sozialtechnologien als neue Bildungsherausforderung, München 2021, S. 45. (Schriftenreihe zur digitalen Gesellschaft NRW, 6)

(4) Ebd. S. 39, 42.

(5) Sartorius 2020.

(6) Chen 2021, S. 37, 42.

(7) Sartorius 2020.

(8) Ebd.

(9) Rahm, Volker: Leben eines Römischen Soldaten, auf: grin.com (2005).

Berechnung des Scores für jeden Bürger. Gesetzesverstöße und Ordnungswidrigkeiten werden gespeichert, aber es gibt auch Bonuspunkte für Blutspenden, Zivilcourage und »Anerkennung als vorbildliche(r) Werktätige(r)«.[3] Wird der Score zu niedrig, drohen Strafen: Die Leute dürfen keine Tickets für Flüge und Schnellzüge mehr kaufen, bekommen keine öffentliche Förderung mehr und Medien veröffentlichen ihre Namen als »nicht vertrauenswürdige Personen«.[4] Oft wissen die Betroffenen allerdings gar nicht, dass sie auf schwarzen Listen stehen, bis sie eine der Strafen zu spüren bekommen.[5] Und weil die Bewertungen undurchsichtig sind, können die Menschen sie kaum anfechten.[6]

Das geplante zentral verwaltete Scoring soll verpflichtend für alle Bürger Chinas werden – auch für Parteimitglieder und Politiker. Der Großteil der Informationen soll dann öffentlich einsehbar sein. Indem sie alle überwacht, will die Regierung Offenheit demonstrieren und das Vertrauen der Bürger in den Staat stärken.[7] Scheint auch zu funktionieren. In einer Onlineumfrage unter 2.209 Chinesen bewertete nur ein Prozent der Befragten Scoring-Systeme kritisch. Genauso wenige sind gegen die Einführung des landesweiten Scorings. Allerdings gaben überhaupt nur sieben Prozent an,

über die Pilotprojekte der Regierung informiert zu sein.[8] Diese Umfrage war jedoch nicht repräsentativ. Es könnte sein, dass gerade diejenigen mit Bedenken gegen massenhafte Datenauswertung nicht frei ihre Meinung äußerten.

**Social Scoring seit den Römern**

Ein Scoring-System dieses Ausmaßes gibt es in Europa nicht. Trotzdem fordert das EU-Parlament vorsorglich ein Verbot und warnt auch vor der Ausbreitung kommerzieller Anbieter von Scoring. Dabei sind Scoring-Systeme nicht ganz unbekannt. Seit Jahrtausenden mustern Staaten beispielsweise ihre Bevölkerung für die Armee, schon die alten Römer machten das.[9] 55 Jahre lang untersuchte die Bundeswehr jeden jungen Mann in Deutschland, bewertete Größe, Gewicht, Sehvermögen, vorhandene Krankheiten und weitere Merkmale und errechnete daraus einen Tauglichkeitsgrad.[10] Dieser Score bestimmte, ob der Mann als Soldat geeignet war. Eigentlich ein normaler Vorgang, Eignung aufgrund von Zahlen und Fakten zu bewerten.

Kompliziert wird es allerdings, wenn die Bewertung geheim oder nicht nachvollziehbar ist. Das ist zum Beispiel bei der Beurteilung der Kreditwürdigkeit häufig ein Problem. Auch die-

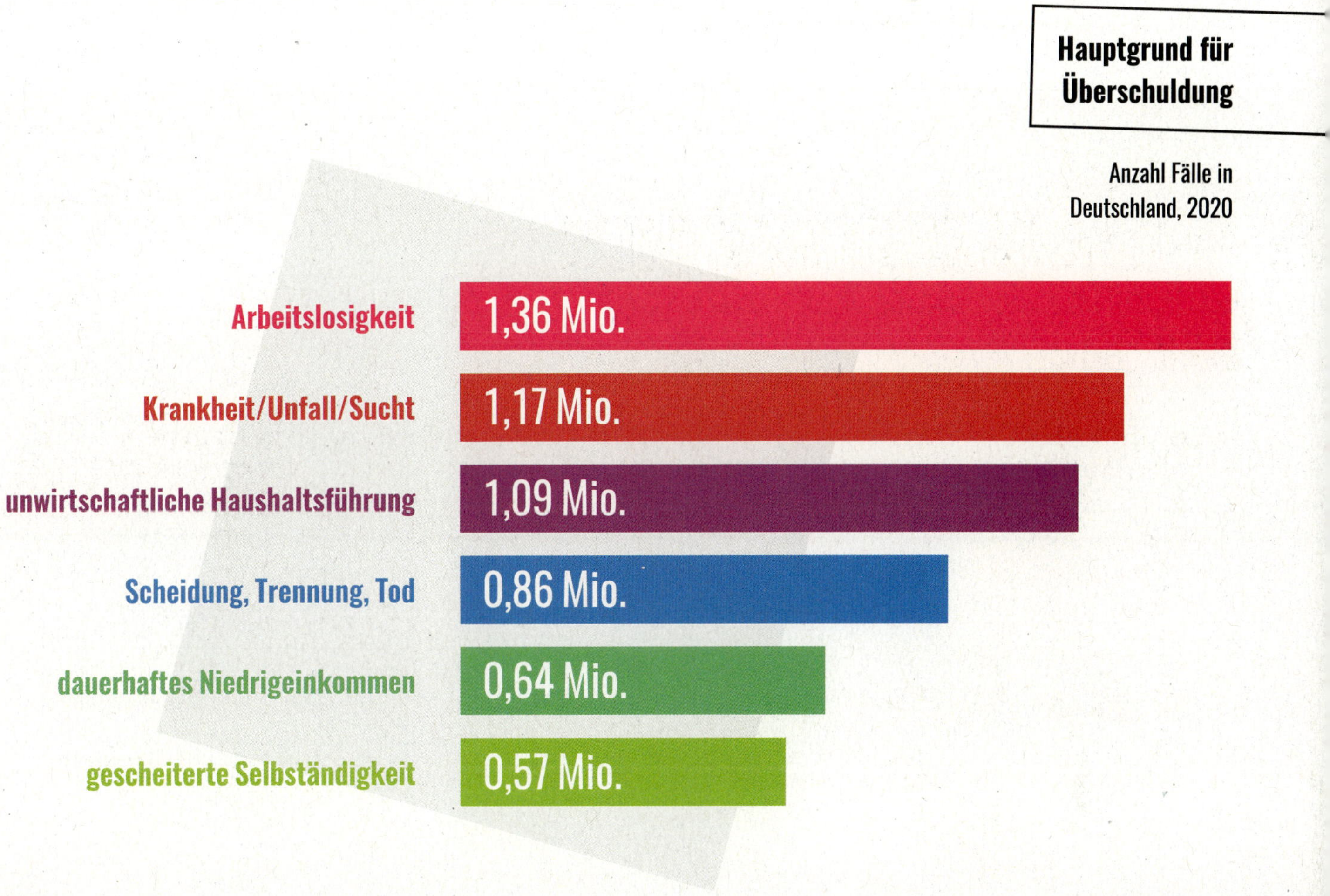

## Hauptgrund für Überschuldung

Anzahl Fälle in
Deutschland, 2020

| | |
|---|---|
| **Arbeitslosigkeit** | 1,36 Mio. |
| **Krankheit/Unfall/Sucht** | 1,17 Mio. |
| **unwirtschaftliche Haushaltsführung** | 1,09 Mio. |
| **Scheidung, Trennung, Tod** | 0,86 Mio. |
| **dauerhaftes Niedrigeinkommen** | 0,64 Mio. |
| **gescheiterte Selbständigkeit** | 0,57 Mio. |

> *Sogenannte
> Auskunfteien betreiben
> Finanz-Scoring
> als Geschäft. Die
> bekannteste
> in Deutschland ist
> die Schufa*

se Form von Scoring gibt es schon lange. Sogenannte Auskunfteien betreiben Finanz-Scoring als Geschäft. Die bekannteste Auskunftei in Deutschland ist die Schufa, sie gibt es schon seit 94 Jahren.[11] Das Privatunternehmen sammelt Informationen über das Zahlungsverhalten von Verbrauchern und rechnet sie in einen Wert zusammen. Die Geschäftsidee: Potenzielle Vertragspartner können den Wert ihres Gegenübers gegen Gebühr einsehen. Er soll ihnen verraten, ob die Person zuverlässig Rechnungen, Miete oder Kreditraten bezahlt, also ein vertrauenswürdiger Geschäftspartner ist. Wie genau die Scores zustande kommen, verrät die Schufa nicht – das ist ihr Geschäftsgeheimnis.

### Frauen fahren besser

So scheint die Schufa nur aufseiten von Firmen Sicherheit zu schaffen. Privatpersonen haben kein gutes Bild von dem Unternehmen. Die Hälfte der Deutschen vertraut der Schufa nicht, zeigt eine aktuelle Befragung.[12] Jeder Fünfte hatte schon Probleme mit falschen oder veralteten Schufa-Einträgen.[13] Immer wieder berichten Menschen von nicht nachvollziehbaren Bewertungen. Längst abbezahlte Schulden können den Schufa-Score noch lange verschlechtern.[14] Au-

(10) Deutscher Bundestag (Hg.): Aussetzung der allgemeinen Wehrpflicht beschlossen, auf: bundestag.de (2011).

(11) Schufa (Hg.): Geschichte der SCHUFA, auf: schufa.de.

(12) Selbstauskunft.de (Hg.): Deutsche stellen Schufa die Vertrauensfrage, auf: selbstauskunft.de (22.1.2021), S. 5.

(13) Ebd., S. 10.

(14) Leue, Vivien: Wie Bonitätsbewertungen unser Leben beeinflussen, auf: deutschlandfunk.de (28.6.2020).

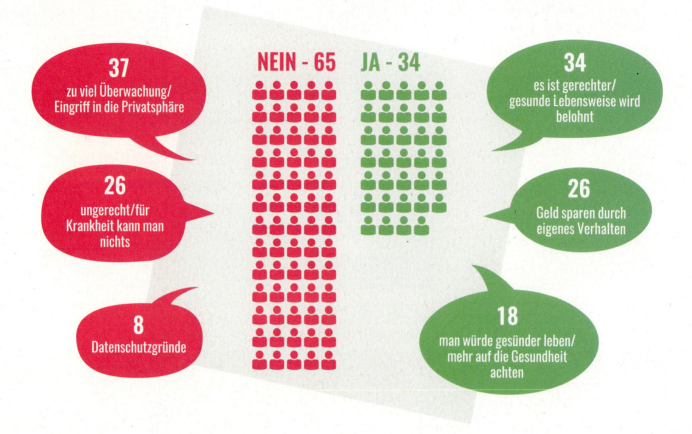

"Würden Sie einen Krankenversicherungstarif nutzen, der Merkmale wie Schrittzahl, Schlaf, Alkoholkonsum, Rauchen und Körpergewicht berücksichtigt?"
und Begründung, in Prozent

(15) Schnuck, Oliver; Zierer, Maximilian: Erhöhtes Risiko, auf: br.de (28.11.2018).

(16) Sachverständigenrat für Verbraucherfragen (Hg.): Verbrauchergerechtes Scoring, Berlin 2018, S. 4ff.

(17) Wagner, Gert: Scoring ist nicht neu, sondern uralt: Aus seiner Geschichte kann man lernen, wie man heutzutage damit umgehen kann und soll, in: Gapski, Harald; Packard, Stephan (Hg.): Super-Scoring? Datengetriebene Sozialtechnologien als neue Bildungsherausforderung, München 2021, S. 94. (Schriftenreihe zur digitalen Gesellschaft NRW, 6)

ßerdem basieren die Bewertungen anscheinend oft auf sehr wenigen Informationen. Zu fast einem Viertel der Personen in ihrer Kartei hat die Schufa maximal drei Einträge gespeichert – und gibt trotzdem eine Bewertung über deren Kreditwürdigkeit ab.[15]

Scores sind jedoch sinnlos, wenn sie auf falschen oder alten Daten basieren. Der vom Bundesjustizministerium gegründete Sachverständigenrat für Verbraucherfragen (SVRV) formulierte 2018 in einem Gutachten Empfehlungen für verbrauchergerechtes Scoring.[16] Die Scores sollten demnach auf korrekten, aktuellen Daten beruhen und sinnvoll berechnet werden. Die Berechnung sollte für den Verbraucher nachvollziehbar sein. Außerdem sollten Scores nicht diskriminierend sein und die Teilnahme an Scoring-Verfahren muss für Bürger freiwillig sein. Ähnliche Kriterien für faires Scoring nennen auch Sozialwissenschaftler.[17] Demnach wird Scoring zum Problem, wenn man ihm nicht ausweichen kann oder wenn es auf Merkmalen beruht, die man nicht oder nur sehr schwer beeinflussen kann, etwa Alter und Geschlecht. Dann kann das Scoring schnell

„Scoring wird zum Problem, wenn es etwa auf Merkmalen beruht, die man nicht beeinflussen kann, wie Alter und Geschlecht"

## „Würden Sie einen Kfz-Versicherungstarif nutzen, der Merkmale wie etwa Geschwindigkeit, Handynutzung (...) berücksichtigt?"

und Begründung, in Prozent

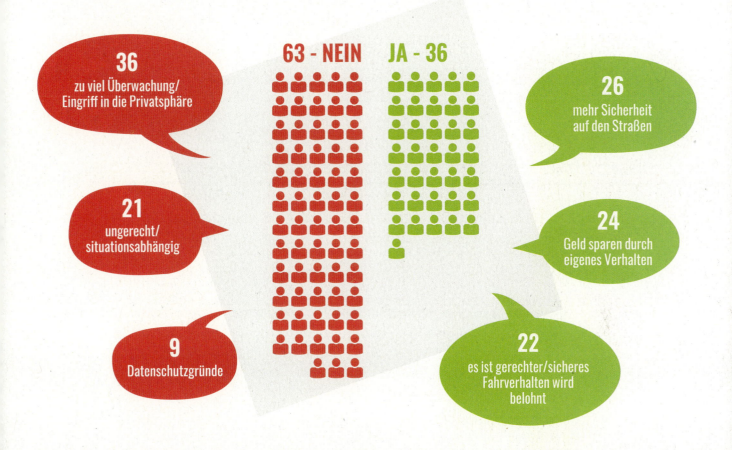

diskriminierend werden. Ein Beispiel: Versicherungen boten günstigere Kfz-Versicherungen für Frauen an. Das hat der Europäische Gerichtshof 2011 verboten.[18] Ein Mann kann nur schwer sein Geschlecht wechseln, um seinen Score zu verbessern und ebenfalls den Vorteil zu bekommen. Allein nach Geschlecht zu beurteilen, ist also unfair, da dies keine direkten Auswirkungen auf den Fahrstil der Person hat. Und weil sich das Merkmal Geschlecht nur schwer ändern lässt.

**Faule zahlen mehr**

Der Einfluss des Einzelnen auf seinen Score ist wichtig dafür, ob Menschen das Scoring akzeptieren.[19] Der SVRV führte 2018 eine Studie zur Akzeptanz von Scoring-Systemen durch und betrachtete dafür drei Bereiche: Kreditwürdigkeit, Kfz-Versicherung und Krankenversicherung. In allen drei Bereichen ist Scoring jetzt schon realistisch. In den Fragen ging es um Versicherungstarife, deren Preis an das persönliche Verhalten gekoppelt ist. Daten – übertragen aus dem Auto – sollen das Fahrverhalten einer Person und damit das Unfallrisiko messen. Vorsichtige Fahrer können sich günstiger versichern. Ein ähnliches Muster gab es bei der Krankenversicherung: Der Tarif für die Krankenkasse würde günstiger für Personen, die sich besonders gesundheitsbewusst verhalten. Belohnt werden zum Beispiel regelmäßige Vorsorgeuntersuchungen und viel Bewegung. Die Daten für den Score zu gesundem Verhalten können aus Fitnesstrackern und ärztlichen Untersuchungen stammen. Von den Befragten konnten sich 36 Prozent vorstellen, einen solchen Tarif für ihre Kfz-Versicherung zu nutzen.[20] Eine Krankenversicherung, die das persönliche Verhalten bewertet, würde über ein Drittel abschließen.

Der häufigste Grund für die Ablehnung eines Krankenversicherungstarifs waren Bedenken wegen zu viel Überwachung. Der zweithäufigste war, dass der Tarif unfair sei und man für seine Krankheiten nichts könne.[21] Wer Gesundheit als unbeeinflussbar wahrnimmt, akzeptierte das Scoring nicht. Wer das Gefühl hat, durch gutes Verhalten eine gute Bewertung zu erlangen, machte eher mit. Das zeigt einen weiteren Mechanismus von Social Scoring: Menschen passen ihr Verhal-

(18) Sommer, Marcel: Der Lady-Tarif hat ausgedient, auf: zeit.de (8.11.2012).

(19) Wagner 2021, S. 92.

(20) Sachverständigenrat für Verbraucherfragen (Hg.): Verbraucher-Scoring: Repräsentativbefragung zur Akzeptanz und Kenntnis über (neuartige) Scoring-Methoden, Bonn 2018, S. 21.

(21) Ebd., S. 26.

Länder, in denen *private* beziehungsweise *staatliche* Kredit-Score-Systeme über 90 Prozent der Erwachsenen erfassen

2019

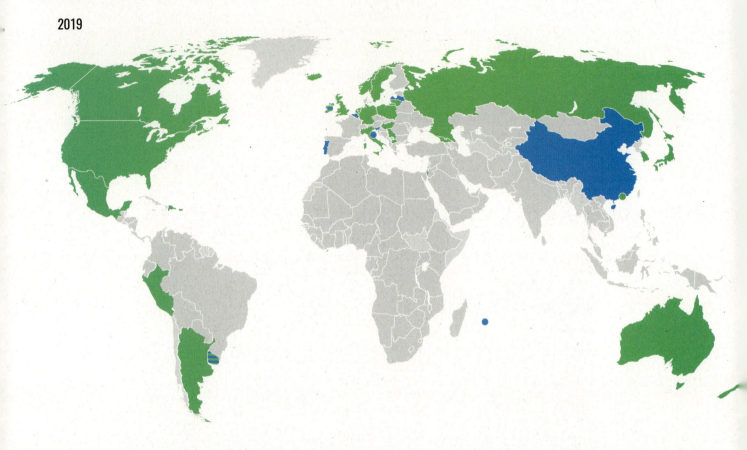

ten an, um gut bewertet zu werden. Wenn der gute Score Vorteile bringt, könnten Leute deshalb vorsichtiger fahren und gesünder leben. Auf diesem Gedanken beruht auch das chinesische Scoring. Um eine gute Bewertung zu erhalten, müssen die Bürger ihr Verhalten so anpassen, wie der Staat es gerne hätte.[22]

**Kein Baukredit für Ossis?**
In Deutschland sind Versicherungstarife mit persönlichen Scores dagegen freiwillig. Verbraucherschützer wollen, dass das auch so bleibt. Denn schon bei der Schufa sagen Kritiker, dass sie unausweichlich ist und zu viel Macht hat.[23] Eine Mietwohnung ist ohne Schufa-Auskunft kaum zu bekommen. Und viele Kaufverträge enthalten Klauseln, die es dem Unternehmen erlauben, die Daten über ihren Kunden an die Schufa weiterzugeben. Im Gegenzug bekommt das Unternehmen von der Schufa Informationen über den Kunden. So sammelt die Schufa riesige Mengen an Daten.

Die Verarbeitung großer Datenmengen wird immer einfacher und Computerprogramme werden immer intelligenter. Der SVRV erwartet deshalb, dass kommerzielle Anbieter Daten aus unterschiedlichen Lebensbereichen zu einem Super-Score zusammenfassen könnten. Er warnt, dass solche Verfahren von privaten Anbietern in Deutschland eingeführt werden könnten, und spricht sich wie das EU-Parlament für eine strenge Kontrolle aus.[24] Damit nicht irgendwann Rauchen und Im-Osten-Wohnen die Chance auf einen Kredit zunichtemachen.

(22) Chen 2021, S. 45.

(23) Mayer-Kuckuk, Finn: Was tun, wenn die Schufa Fehler macht?, auf: fr.de (17.1.2020).

(24) Sachverständigenrat für Verbraucherfragen 2018, S. 7, 147.

**IRIS BECKER**
KATAPULT

# Jetzt am Kiosk!

## Die neue Sonderausgabe

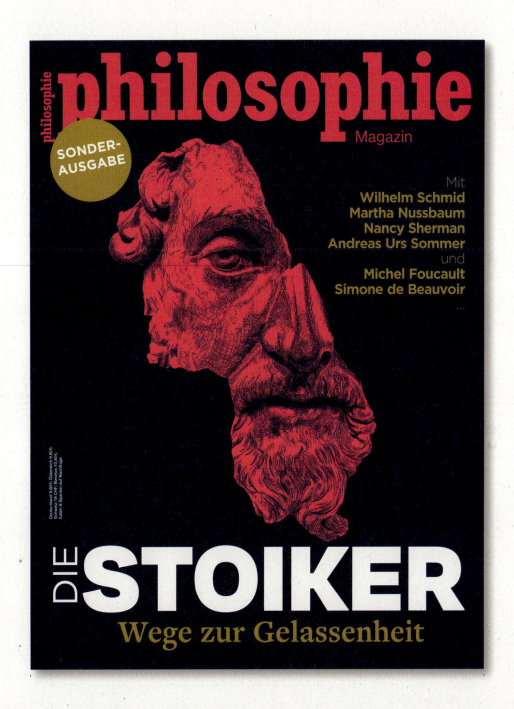

**Entdecken Sie jetzt das Philosophie Magazin**

philomag.de/abo
philomag@pressup.de
+49 (0)40 / 38 66 66 309

**STUDIE**

# Ich gehöre nicht zur Unterschicht!

**Studie:** „The Moral Boundary Drawing of Class: Social Inequality and Young Precarious Workers in Poland and Germany" von Vera Trappmann, Alexandra Seehaus, Adam Mrozowicki und Agata Krasowska (Januar 2021)

**Kurz:** Junge Menschen, die prekär beschäftigt sind, grenzen sich von Personen „oben" und „unten" ab. Sie sehen sich mehrheitlich einer „Mitte" zugehörig – einer Art erwünschtem Normalzustand.

Sind sich junge Menschen sozialer Ungleichheit und ihrer Position in der Gesellschaft bewusst? Dieser Frage näherten sich Forscher der Business School im britischen Leeds und der Universität Breslau im Rahmen einer Interviewstudie. Antwort: nicht wirklich. Die Studie ist Bestandteil eines größeren Forschungsprojektes zur sozialen und ökonomischen Mentalität junger Menschen, für das 1.000 Personen in Deutschland und Polen befragt wurden. Zusätzlich interviewten Vera Trappmann und ihre Mitautoren ab 2016 insgesamt 123 Menschen aus Polen und Deutschland. Die Interviewten standen alle am Anfang ihrer beruflichen Laufbahn, waren in prekären Arbeitsverhältnissen beschäftigt und jünger als 35 Jahre. Die Interviews wurden in Städten unterschiedlicher Größe von nationalen Forschungsteams vor Ort durchgeführt: fünf in Deutschland, sieben in Polen, darunter die Hauptstädte beider Länder. In beiden Ländern stieg die prekäre Beschäftigung unter jungen Menschen in den letzten Jahren stark an.

Prekäre Arbeitsverhältnisse unterschreiten gewisse Standards, etwa eine existenzsichernde Bezahlung. Ein weiteres Merkmal sind befristete Arbeits-, Leiharbeits- oder Minijobverträge. Den Forschern zufolge sind aber auch jene Personen prekär beschäftigt, die im Rahmen ihrer Ausbildung unterdurchschnittlich viel verdienen und zusätzlich auf Nebenjobs angewiesen sind. In prekären Verhältnissen arbeiten Menschen mit Hochschulabschluss ebenso wie solche mit Mittlerer Reife. Das ist auch bei den Befragten so. Zudem sind unterschiedliche Berufe vertreten, im Büro ebenso wie in der Fabrik.

Gemein ist den Befragten jedoch, dass sie die eigene Situation nicht als prekär empfinden. Stattdessen sehen sie sich als Teil einer in durchschnittlichen Verhältnissen beschäftigten Mittelschicht. Diese Mitte betrachten sie als einen erwünschten Normalzustand. Die Studienteilnehmer grenzen sich einerseits von Personen in vergleichbarer Lage ab, die sie für nicht entschlossen genug halten, an ihrer Lebenssituation etwas zu ändern. Andererseits ziehen sie aber auch eine Grenze zu denjenigen, die wirtschaftlich »über« ihnen stehen. Gegenüber »denen da oben« sind die Befragten nicht so kritisch: Zwar genießen jene ihrer Meinung nach unverdiente Privilegien. Ihr Verhalten sei aber unproblematisch.

Auf der moralischen Ebene unterscheiden die Befragten also tendenziell zwischen den ihnen gegenüber besser- und den schlechtergestellten Gruppen: Sie fühlen sich nicht mit anderen Menschen in prekären Situationen verbunden, sondern den ökonomisch erfolgreicheren Menschen näher. Denn mit harter Arbeit und Disziplin, so die Logik, würden sie ihre prekäre Phase überwinden und gesellschaftlich aufsteigen. Die Forscher erklären dieses Selbstbild mit einem dauerhaften Hang der Menschen, sich mit anderen zu vergleichen. Diese Vergleiche führen zu moralischen Urteilen, mit deren Hilfe sich Menschen von anderen abgrenzen können. Die eigene Identität rücken sie dabei in ein positives Licht. Das stärkt das Selbstwertgefühl und ist als Bewältigungsstrategie zu verstehen. Strukturelle Probleme innerhalb der Gesellschaft werden damit legitimiert. Die Interviews zeigen Tendenzen von Lebensstrategien und Karrieremustern und sind nützlich für weitere Forschungsvorhaben. ◆

**KATAPULT**

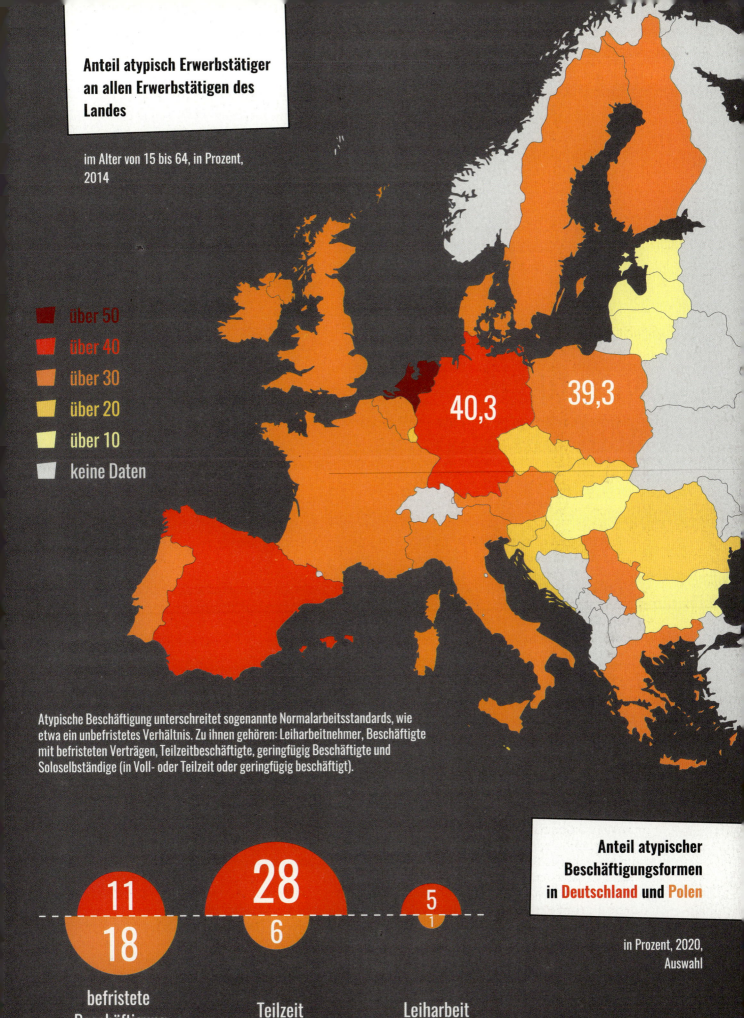

## Alkoholkonsum pro Kopf

reiner Alkohol in Litern,
Über-15-Jährige,
Schätzungen, 2018

ALKOHOL AM ARBEITSPLATZ

# Acht Stunden Arbeit, acht Gläser Sekt. Oder Wein. Oder Schnaps.

**In Deutschland sind über eine Million Erwachsene alkoholabhängig, viele arbeiten trotz ihrer Erkrankung. Bestimmte Berufsgruppen scheinen häufiger betroffen zu sein, entscheidender sind aber die individuellen Arbeitsbedingungen.**

VON **CORNELIA SCHIMEK**

(1) Telefonat mit Dr. Peter Raiser, stellvertretender Geschäftsführer der DHS, vom 4.5.2021.- Angaben beruhen auf Schätzungen. Grundlage ist der »Epidemiologische Suchtsurvey«, eine regelmäßige, repräsentative Querschnittsbefragung (n = 7.500-9.500,

Nur Arbeitslose und wenig gebildete Personen werden alkoholkrank. – Ein falsches Vorurteil. Rund fünf Prozent aller Erwerbstätigen in Deutschland sind alkoholabhängig oder weisen einen missbräuchlichen Konsum auf. Das schätzt die Deutsche Hauptstelle für Suchtfragen (DHS). Weitere zehn Prozent konsumieren in einem Ausmaß, bei dem es zu gesundheitlichen Schäden kommen kann.[1] Einige Betroffene trinken gar auf der Arbeit oder haben noch immer Alkohol im Blut, wenn sie ihren Job machen. So wie die Bloggerin Vlada, die

in einem Interview mit der *Zeit* über ihre jahrelange Abhängigkeit am Arbeitsplatz berichtete.[2] In der Mittagspause kaufte sie sich eine Piccoloflasche Sekt, die gut in ihren Rucksack passte, auf der Bürotoilette trank sie Weißwein und ging danach an ihren Schreibtisch zurück. Wenn ihr jemand etwas am Computer zeigte, hielt sie die Luft an und atmete in die andere Richtung aus, damit niemand den Alkohol riechen konnte. Keiner Kollegin fiel die Abhängigkeit auf – auch weil sie ihren Beruf sehr gut machte.

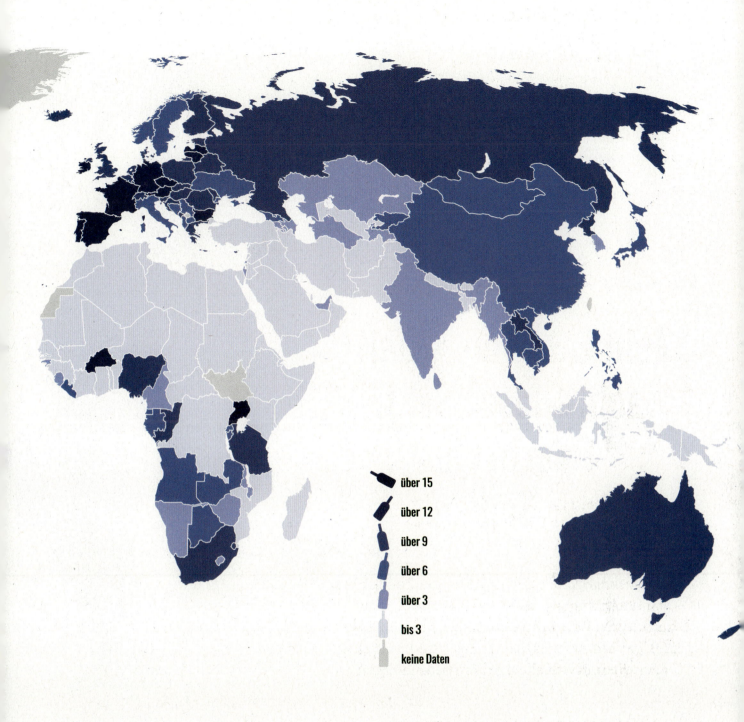

**Bibliothekare weniger betroffen**

Oft merken Menschen es nicht, wenn sie einen alkoholkranken Kollegen haben. Dabei gibt es bestimmte Berufsgruppen, bei denen die Angestellten eher zu einem riskanten Konsum neigen. Das ist das Ergebnis einer Studie, die Wissenschaftler der Universität Liverpool im Februar veröffentlicht haben.[3] Hierzu werteten sie eine Befragung von gut 100.000 berufstätigen Personen aus Großbritannien im Alter zwischen 40 und 69 Jahren aus.[4] Die Daten umfassten deren Berufe und Konsumgewohnheiten. Fast ein Fünftel der Befragten fiel in die Kategorie starker Konsum,[5] die meisten von ihnen waren männlich. Insgesamt untersuchten die Wissenschaftler rund 320 verschiedene Berufe. Bei 51 davon war die Wahrscheinlichkeit, dass die Beschäftigten in einem gesundheitsschädlichen Ausmaß tranken, erhöht. Hierzu zählten etwa Angestellte in der Gastronomie (Barpersonal, Manager von Restaurants), Stuckateure und Industriereinigungskräfte. Bei den restlichen 26 Berufen zeigten die Beschäftigten ein geringes Risiko eines ungesunden Konsums, darunter Bibliothekare und Physiotherapeuten.[6]

Alter = 18-64) zum Konsumverhalten. Diese Schätzung kann sich von anderen Schätzungen unterscheiden.

(2) Katz, Juli: Ich trank heimlich Sekt auf der Bürotoilette, auf: zeit.de (11.4.2019).

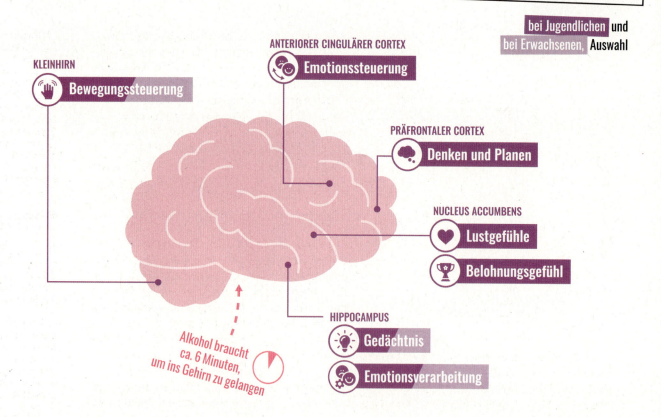

**Gehirnregionen, die bei Alkoholkonsum beschädigt werden können**

bei Jugendlichen und bei Erwachsenen, Auswahl

KLEINHIRN — Bewegungssteuerung
ANTERIORER CINGULÄRER CORTEX — Emotionssteuerung
PRÄFRONTALER CORTEX — Denken und Planen
NUCLEUS ACCUMBENS — Lustgefühle, Belohnungsgefühl
HIPPOCAMPUS — Gedächtnis, Emotionsverarbeitung

Alkohol braucht ca. 6 Minuten, um ins Gehirn zu gelangen

(3) Thompson, Andrew; Pirmohamed, Munir: Associations between occupation and heavy alcohol consumption in UK adults aged 40-69 years: a cross-sectional study using the UK Biobank, in: BMC Public Health, (21)2021, Nr. 190.

(4) Daten stammen aus der UK Biobank, einer Langzeitstudie, die u.a. vom National Health Service unterstützt wird. Zeitraum der Datenerhebung: 2006-2010.

**Erfolgreiche Frauen trinken**

Die Wissenschaftler untersuchten außerdem, ob sich der Effekt bei Männern und Frauen unterscheidet. Das Ergebnis: Bei Frauen sind es insbesondere Managerinnen und leitende Angestellte, die eine höhere Wahrscheinlichkeit für einen ungesunden Konsum zeigten, bei Männern überwogen handwerkliche Berufe. Zwar erlaubt die Studie keine kausalen Rückschlüsse, dass also die Beschäftigung in einem bestimmten Beruf zum erhöhten Konsum führt. Trotzdem zeigt sie, dass bestimmte Berufsgruppen stärker betroffen sind.[7] Deshalb können solche Studien dabei helfen, Präventionsmaßnahmen gezielt für bestimmte Branchen anzubieten.

Aber nicht jeder, der regelmäßig Alkohol konsumiert, gilt gleich als abhängig. Für die Diagnose einer Abhängigkeit muss eine Person über einen längeren Zeitraum oder wiederholt eine bestimmte Anzahl an Symptomen zeigen. Hierzu gehören unter anderem ein starkes Verlangen, zu konsumieren, körperliche Entzugserscheinungen bei Abstinenz oder auch die nachlassende Wirkung bei gleicher Trinkmenge. Vernachlässigt die Person außerdem Dinge, die ihr sonst wichtig waren oder Spaß gemacht haben, oder trinkt weiter, obwohl bereits körperliche oder psychische Schäden vorliegen, sind das ebenfalls Hinweise auf eine Abhängigkeit.[8] Laut der DHS erfüllten im Jahr 2018 hierzulande ungefähr 1,6 Millionen Erwachse-

**Welcher ungefähre Blutalkoholwert hat welche Folgen?**

0,2 ‰ — Einschätzung von Entfernung ↓, Bewegungskoordination ↓, Reaktionsvermögen ↓
0,8 ‰ — Gleichgewichtssinn ↓, Euphorie und Enthemmung ↑
1,0 ‰ — Sprachstörung ↑, Orientierungssinn ↓
2,0 ‰ — Ansprechbarkeit ↓, koordinierte Bewegung ↓, Erbrechen
3,0 ‰ — Bewusstlosigkeit, Reflexe ↓, Atmung ↓
4,0 ‰ — alkoholisches Koma

**Veränderte Ausschüttung von Neurotransmittern\* bei Alkoholkonsum**

mehr ↗ oder ↘ weniger, Auswahl

*Botenstoffe im Gehirn, über die die Zellen miteinander kommunizieren

ne zwischen 18 und 64 Jahren diese Kriterien, konnten also als alkoholabhängig bezeichnet werden. Weitere 1,4 Millionen Personen zeigten einen schädlichen Gebrauch[9] – auch Alkoholmissbrauch genannt. Jene zeigen bereits körperliche, psychische oder soziale Schäden aufgrund ihres Konsums, sind aber noch nicht abhängig.[10]

### Trinken gegen fehlende Anerkennung

Alkohol kann aber auch schon gesundheitsschädlich sein, ohne dass ein Alkoholmissbrauch vorliegt. Doch wie viel Alkohol ist aus gesundheitlicher Sicht risikoarm? Die Kampagne »Kenn dein Limit« der Bundeszentrale für gesundheitliche Aufklärung nennt hierfür Richtwerte:[11] Männer sollten täglich nicht mehr als 24 Gramm Alkohol zu sich nehmen, und das an maximal fünf Tagen pro Woche. An mindestens zwei Tagen sollte also vollständig auf Bier, Wein und Schnaps verzichtet werden. 24 Gramm Alkohol sind etwa in einem halben Liter Bier, einem Glas Wein oder zwei bis drei Schnäpsen enthalten. Da Frauen Alkohol schlechter abbauen, sind die Empfehlungen für sie strenger und liegen bei täglich 12 Gramm reinem Alkohol an maximal fünf Tagen in der Woche. Alles, was darüber hinausgeht, gilt als riskant.[12]

Obwohl keine spezielle Berufsgruppe besonders zu Alkoholabhängigkeit neige, seien laut Wiebke Wagner, Leiterin des Suchttherapiezentrums Hamburg, im Jahr 2019 vermehrt Personen aus Pflegeberufen in ihrer Beratung gewesen. Sie erklärt diese Zunahme mit den härteren Arbeitsbedingungen in der Branche.[13] Auch für Peter Raiser, stellvertretender Geschäftsführer der DHS, ist weniger der Beruf an sich entscheidend. Vielmehr seien es die individuellen Arbeitsbedingungen, die zu einem schädlichen Konsum führen können. Besonders problematisch sei es, wenn ein Beschäftigter keine angemessene Anerkennung für seine geleistete Arbeit bekomme. Verausgabt sich ein Angestellter völlig bei der Arbeit, wird dafür aber nicht belohnt, führt das zu Stress. In einigen Fällen versuchen die Arbeitnehmer dann, den Stress durch den Konsum von Alkohol zu reduzieren.[14]

### Abhängige trinken selten am Arbeitsplatz

Im Allgemeinen ist ein ungesunder Konsum mit belastenden Situationen verbunden. Beschäftigte, die auf der Arbeit häufig einen starken Termin- und Leistungsdruck erleben oder vermehrt das Gefühl haben, bis an die Grenze ihrer Leistungsfähigkeit gehen zu müssen, sind häufiger von Alkoholabhängigkeit oder -missbrauch betroffen. Neben Belastungen zeigen auch die soziale Situation im Job und die Bewertung der eigenen Arbeit einen Zusammenhang mit einem schädlichen oder abhängigen Gebrauch. So steigt die Wahrscheinlichkeit einer Alkoholsucht, wenn Beschäftigte seltener das Gefühl haben, dass ihre Arbeit wichtig ist, ihr Vorgesetzter sie unterstützt oder

(5) Definiert hier als >35 Alkoholeinheiten/Woche (Frauen) und >50 Alkoholeinheiten/Woche (Männer). Alkoholeinheit (Unit of alcohol) wird in Großbritannien zur Quantifizierung von Alkohol verwendet. Eine Einheit entspricht 8 Gramm reinem Alkohol.

(6) Thompson/Pirmohamed 2021.

(7) Diese Studie ist aus Großbritannien. Ergebnisse solcher Studien sind ggf. länderspezifisch.

(8) Internationale statistische Klassifikation der Krankheiten und verwandter Gesundheitsprobleme (ICD-10): F1x.2.

(9) DHS (Hg.): Alkohol – Zahlen, Daten, Fakten, auf: dhs.de (ohne Datum).

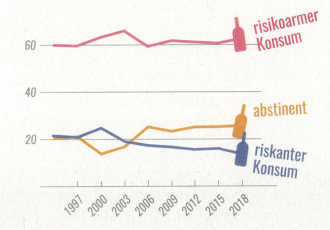

**Veränderung des Alkoholkonsums**

Konsum in den letzten 30 Tagen, 18- bis 59-Jährige, 1995–2018, in Prozent

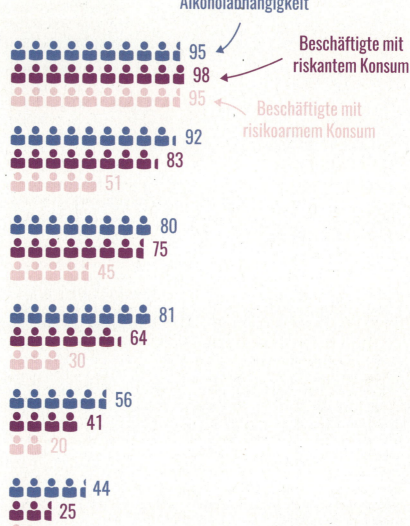

**Selbstberichtete Gründe für Alkoholkonsum unter Beschäftigten**

Umfrage unter ca. 4.300 Beschäftigten, 18- bis 65-Jährige, 2018/19, in Prozent

Beschäftigte mit schädlichem Konsum oder möglicher Alkoholabhängigkeit
Beschäftigte mit riskantem Konsum
Beschäftigte mit risikoarmem Konsum

„Manche alkoholische Getränke schmecken mir gut"
95 / 98 / 95

„Der Genuss von Alkohol gibt mir ein angenehmes Gefühl"
92 / 83 / 51

„Der Genuss von Alkohol gehört in vielen Situationen einfach dazu"
80 / 75 / 45

„Der Genuss von Alkohol hilft mir, mich zu entspannen"
81 / 64 / 30

„Durch den Genuss von Alkohol komme ich mit anderen Menschen in Kontakt"
56 / 41 / 20

„Der Genuss von Alkohol macht mich selbstbewusster"
44 / 25 / 13

„Der Genuss von Alkohol hilft mir, mit schlechter Stimmung umzugehen"
69 / 34 / 11

„Der Genuss von Alkohol macht es mir leichter, mit sozialen Situationen umzugehen"
53 / 30 / 11

„Es fällt mir schwer, auf Alkohol zu verzichten"
65 / 31 / 4

> **Nur 14 Prozent der möglichen Abhängigen gaben an, mehrmals pro Woche während der Arbeitszeit Alkohol zu konsumieren**

sie Teil eines Teams sind. Das ergab eine Umfrage, die die Krankenkasse DAK im Jahr 2019 in Auftrag gab.[15]

Befragt wurden ungefähr 5.500 Arbeitnehmer im Alter zwischen 18 und 65 Jahren mithilfe eines Fragebogens, der auch in Kliniken und Praxen zum Erkennen von Alkoholproblemen verwendet wird. Bei jeder zehnten Person war das Trinkverhalten riskant,[16] bei 1,3 Prozent gaben die Antworten Hinweise auf eine mögliche Abhängigkeit oder einen Alkoholmissbrauch. Aber trinken die Betroffenen auch am Arbeitsplatz? In der Regel nicht. Nur 14 Prozent der Beschäftigten, die die Kriterien einer möglichen Abhängigkeit erfüllten oder in einem sehr schädlichen Ausmaß tranken, gaben an, mehrmals pro Woche während der Arbeitszeit zu konsumieren. Der Großteil (circa 80 Prozent) sagte, er trinke nie am Arbeitsplatz.[17]

**Konsum ist kein Kündigungsgrund**
Was kann ein Arbeitgeber tun, wenn er den Verdacht hat, dass ein Angestellter ein Alkoholproblem hat? Eine Möglichkeit ist ein Stufenplan mit verschiedenen Interventionsgesprächen. Auf der ersten Stufe führen Vorgesetzter und Angestellter ein Vieraugengespräch, in dem der Vorgesetzte schildert, was er beobachtet hat und warum das problematisch ist. In weiteren Gesprächen werden dann mögliche Hilfsangebote thematisiert, Konsequenzen bei weiterem Konsum besprochen oder auch andere Personen einbezogen. Ziel der Gespräche sollte sein, dem Mitarbeiter zu verdeutlichen, dass die Abhängigkeit gemeinsam überwunden werden und das Arbeitsverhältnis bestehen bleiben soll. Alkoholkonsum selbst ist übrigens kein Kündigungsgrund. Erst wenn ein Arbeitnehmer aufgrund des Konsums seine Aufgaben nicht mehr erfüllt, kann er entlassen werden. Peter Raiser von der DHS empfiehlt, bei der Kommunikation ganz konkrete Formulierungen wie etwa das Wort »Sucht« zu vermeiden. Zum einen, weil der Arbeitgeber normalerweise nicht qualifiziert ist, eine solche Diagnose zu stellen. Zum anderen, weil es dann zu der Diskussion kommen kann, ob diese Einschätzung stimmt oder nicht.[18]

Raiser rät außerdem, Alkoholkonsum und betriebliche Veranstaltungen voneinander zu trennen. Auch andere Suchtberatungsstellen fordern ein generelles Alkoholverbot am Arbeitsplatz.[19] Wichtig sei auch, eine Alkoholabhängigkeit als eine Erkrankung zu begreifen.[20] So entschied es 1968 auch das Bundessozialgericht. Da sie viele Ursachen haben kann, kommt sie in allen Schichten und Positionen vor. Denn ein Grund, warum Alkoholismus am Arbeitsplatz oft nicht auffällt, ist laut Wiebke Wagner das falsche Bild von Alkoholikern. In der allgemeinen Vorstellung sind es eben eher Arbeitslose und wenig gebildete Personen und nicht Vorgesetzte oder andere Kollegen.[21]

**CORNELIA SCHIMEK**
KATAPULT

(10) Internationale statistische Klassifikation der Krankheiten und verwandter Gesundheitsprobleme (ICD-10): F1x.1.

(11) Angaben gelten ab dem 21. Lebensjahr.

(12) Angaben unterscheiden sich, andere Empfehlungen sind restriktiver und lauten 20g für Männer und 10g für Frauen an max. 5 Tagen in der Woche.

(13) Schröder, Catalina: Mehr als bloß ein Schluck, auf: deutschlandfunk.de (17.6.2019).

(14) Männer, Stella: Eine Alkoholsucht ist keine moralische Verfehlung, auf: zeit.de (12.4.2019).

(15) DAK (Hg.): Gesundheitsreport 2019, Hamburg 2019, S. 132ff.

(16) Riskanter Konsum, schädlicher Gebrauch und Abhängigkeit werden festgestellt über den Punktwert, den eine Person im Fragebogen erreicht. Einteilung orientiert sich an den Empfehlungen der WHO.

(17) DAK 2019, S. 139.

(18) Männer 2019.

(19) Schröder 2019.

(20) Männer 2019.

(21) Schröder 2019.

**Freiheit der Zivilgesellschaft**

Civicus-Monitor, 2020

ZIVILGESELLSCHAFT VS. PANDEMIE

# Für immer Notstand

**Hygienemaßnahmen, Versammlungsverbote und haftähnliche Quarantänezentren – während der Pandemie beschränkten einige politische Entscheidungen die Freiheit der Bürger:innen weltweit. So gesehen war das Corona-Jahr kein gutes für die Zivilgesellschaft. Ob sich das künftig ändert, ist unklar.**

VON **TOBIAS MÜLLER**

(1) Bundesministerium der Finanzen (Hg.): Sonderbriefmarke »100. Geburtstag Sophie Scholl«, auf: bundesfinanzministerium.de (4.5.2021); Landeshauptstadt München (Hg.): Zum 100. Geburtstag von Sophie Scholl, auf: muenchen.de; Bertsch, Matthias: Der Weg vom BDM zum Widerstand, auf: deutschlandfunk.de (15.2.2021).

(2) SWR (Hg.): Instagram-Projekt @ichbinsophiescholl, auf: swr.de.

100 Jahre alt wäre Sophie Scholl Anfang Mai geworden. Mit Briefmarken, Gedenkveranstaltungen und Neuerscheinungen auf dem Buchmarkt wurde an sie erinnert.[1] *SWR* und *BR* haben der wegen Widerstandes gegen den NS-Staat Hingerichteten sogar ein Instagram-Profil erstellt, auf der man die letzten zehn Monate ihres Lebens quasi miterleben kann.[2]

Einen Auftritt ganz anderer Art hatte Sophie Scholl vergangenen Herbst in Kassel. Während einer Demonstration gegen die damals bestehenden Corona-Maßnahmen stellte sich eine der Rednerinnen in die Tradition Sophie Scholls. Ebenso wie Scholl und ihre Mitstreiter damals sehe sie es heute als ihre Pflicht an, Widerstand gegen eine Diktatur zu leisten.[3] Angela Merkel und die deutschen Gesundheitsämter als Pendant zu Adolf Hitler und der SS? Ein »Like« von Sophie Scholl hätte es dafür sicherlich nicht gegeben.

Tatsächlich kann gerade in der Bundesrepublik keine Rede davon sein, dass Demokratie und Rechtsstaat im Zuge der Pandemie außer Kraft gesetzt wurden. Kritiker:innen der Corona-Schutzmaßnahmen, etwa Heribert Prantl,[4] bringen zwar regelmäßig ihre Sorge über unverhältnismäßige Eingriffe in die Grundrechte zum Ausdruck. Der kürzlich erschienene *Atlas der Zivilgesellschaft* – herausgegeben vom Hilfswerk Brot für die Welt – bescheinigt Deutschland allerdings, im internationalen Vergleich relativ unbeschadet durch die Pandemie gekommen zu sein. Wo viele andere Staaten die Virusbekämpfung nutzten, um Freiheitsrechte dauerhaft zu beschneiden und die ohnehin unter Druck stehende Zivilgesellschaft weiter einzuschränken, habe Deutschland den gegenwärtigen Test für Demokratie und Rechtsstaatlichkeit vorerst bestanden.[5] Grund zu Sorglosigkeit bietet dieser Befund allerdings nicht. Auch in der Bundesrepublik wei-

KATAPULT

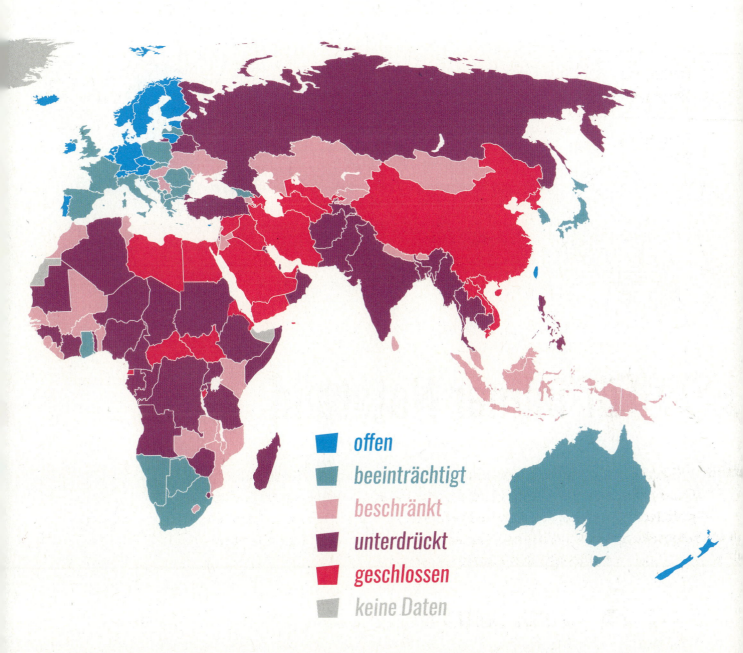

sen kritische Stimmen darauf hin, dass die Luft zum Atmen gerade für den politisch aktiven Teil der Zivilgesellschaft dünner werde.[6]

In der Fachdiskussion wird dieses Phänomen als »shrinking spaces«, also »schrumpfende Räume«, bezeichnet. Es handelt sich hierbei um ein globales Problem, das bei Weitem nicht nur undemokratische Staaten betrifft. Weltweit, so die Autor:innen des *Atlas der Zivilgesellschaft*, lebten im vergangenen Jahr 88 Prozent aller Menschen in »beschränkten, unterdrückten oder geschlossenen Gesellschaften«, fünf Prozent mehr als im Jahr 2019.[7] Dieser allgemeine Trend ist mehr als bedenklich – die Pandemie hat ihn nicht geschaffen, verstärkte ihn aber.

**Fridays for Future, Pegida und die bayerischen Trachtenfreunde**
Unter den Begriff Zivilgesellschaft fallen all jene Akteure, die sich eigenständig und freiwillig organisieren, nicht profitorientiert arbeiten und sich für allgemeine gesellschaftliche Belange sowie die Interessen einzelner Gruppen einsetzen. Die Zivilgesellschaft ist demnach jenseits von Staat und Privatwirtschaft angesiedelt – und vielfältig. In Deutschland lassen sich Schätzungen zufolge rund 800.000 Organisationen, Institutionen und Bewegungen zur Zivilgesellschaft zählen. Ziele, Rechtsform und Größe unterscheiden sich teils erheblich.[8] Fridays for Future ist ebenso Teil der Zivilgesellschaft wie Pegida, die oberbayerischen Trachtenfreunde ebenso wie der Fußballclub aus dem Nachbardorf. Die mit Abstand wichtigste Säule der Zivilgesellschaft sind hierzulande die eingetragenen Vereine. In den vergangenen Jahren hat zudem der Stiftungssektor einen regelrechten Boom erlebt. Aktuell existieren in der Bundesrepublik rund 23.000 Stiftungen.[9]

(3) Hüffer, Wilm: Jana aus Kassel fühlt sich wie Sophie Scholl: »Querdenken«-Rednerin sorgt für Entsetzen, auf: swr.de (22.11.2020).

(4) Prantl, Heribert: »Grundrechte sind kein Larifari für gute Zeiten«, auf: deutschlandfunkkultur.de (13.3.2021).

(5) Brot für die Welt (Hg.): Atlas der Zivilgesellschaft 2021. Freiheitsrechte unter Druck. Schwerpunkt Corona, Berlin 2021, S. 28.

## Mittel der Unterdrückung

am häufigsten dokumentierte Grundrechtsverletzungen, November 2019 bis Oktober 2020

- Festnahme von Aktivist:innen und Journalist:innen — 405
- Schikanierung/Einschüchterung — 340
- Zensur — 170
- Angriffe auf Journalist:innen — 143
- Störung von Protestaktionen — 140
- restriktive Gesetze — 135
- übermäßige Gewaltanwendung durch staatliche Sicherheitskräfte — 122

(6) Kiesel, Vanessa; Morcos, Sarah: Zivilgesellschaft unter Druck? Handlungsräume für Engagement schützen, auf: fes.de.

(7) Brot für die Welt 2021, S. 11.

(8) Hummel, Siri; Strachwitz, Rupert Graf: Zivilgesellschaft und gesellschaftlicher Zusammenhalt, in: Aus Politik und Zeitgeschichte, (71)2021, Nr. 13-15, S. 36.

(9) Bundesverband deutscher Stiftungen (Hg.): Was ist eine Stiftung?, auf: stiftungen.org.

Als Ganzes erfüllt die Zivilgesellschaft wichtige Funktionen im sozialen Miteinander. Unter anderem erbringt sie gemeinwohlorientierte Dienstleistungen, beispielsweise durch Wohlfahrtsverbände, oder macht sich zur Anwältin nicht hinreichend gehörter Interessen, etwa im Falle von Menschen- und Bürgerrechtsgruppen. Verbraucherschutzverbände erfüllen zudem eine Wächterfunktion und Thinktanks wirken auf die politische Entscheidungsfindung ein. Kurz: Auch mit Blick auf ihre Funktionen sind zivilgesellschaftliche Zusammenschlüsse vielfältig.[10]

### Burschenschaften gegen die Weimarer Republik

Ganz unabhängig von ihren konkreten Ausrichtungen, Zielsetzungen, Größen und Funktionen gelten zivilgesellschaftliche Akteur:innen vielen Beobachter:innen als Bedingung für eine funktionierende Demokratie. Gerade der Blick auf Deutschland mahnt jedoch zur Vorsicht: In den 1920er- und 1930er-Jahren waren es nicht zuletzt zivilgesellschaftliche und streng antidemokratische Zusammenschlüsse – etwa Burschenschaften –, die die Weimarer Republik zu schwächen halfen. Gleichzeitig, so der Politikwissenschaftler Bernhard Weßels, sei demokratisches Zusammenleben ohne eine lebendige Zivilgesellschaft gar nicht denkbar.[11] Warum ist das so?

Gerade in vielfältiger werdenden Gesellschaften werden auch Problemlagen, Interessen und Konfliktlinien diverser. Wo etwa in Deutschland in den 1950er-Jahren Parteien die zentralen Akteur:innen bei der politischen Willensbildung waren und sein konnten, sind sie heute nur noch ein Akteur unter vielen. Sie sind gegenwärtig schlicht nicht mehr dazu in der Lage, die Vielzahl der Themen abzudecken, die für unterschiedliche soziale Gruppen von Bedeutung sind. Das heißt nicht, dass Parteien keine zentrale Funktion mehr hätten – sie stehen nach wie vor im Zentrum des politischen Prozesses. Sie sind aber auf die Zivilgesellschaft angewiesen, die sie beispielsweise auf neuartige Probleme aufmerksam macht beziehungsweise auf die zügigere Bearbeitung bereits bekannter Themen drängt.[12] Dass gegenwärtig Bewegung in die bundesdeutsche Klimapolitik kommt, ist zum Beispiel zweifelsfrei auch dem Wirken von Fridays for Future geschuldet.

## Kein gutes Jahr für die Demokratie

Und auch jenseits dieser Zulieferfunktion wird zivilgesellschaftlichen Gruppen in der Demokratietheorie eine zentrale Rolle zugeschrieben. Sie gelten oftmals als eine Art Bürger:innenschule. Die dahinterstehende Annahme: Wer sich etwa in Vereinen engagiert, lernt sozusagen im Vorbeigehen die Grundregeln des demokratischen Miteinanders. Lange Debatten, die Notwendigkeit, Kompromisse einzugehen, Vor- und Nachteile des Vereinsrechts, Streit um nebensächlich erscheinende Satzungsfragen – Menschen, die schon einmal einer Vereinssitzung beigewohnt haben, sind hiermit bestens vertraut und: Sie haben aufgrund dessen einen anderen Blick auf politische Prozesse. Statt beispielsweise Kompromisse bei der Verabschiedung von Gesetzen als Kuhhandel zu kritisieren, wissen sie um die Unmöglichkeit, Interessen ohne Kompromisse durchzusetzen.

Natürlich sind auch heute nicht alle zivilgesellschaftlichen Akteur:innen ein Segen für freiheitlich-demokratische Gesellschaften. So wie es in den 1920er-Jahren rechtsradikale Burschenschaften gab, so berauschen sich aktuell in Deutschland und Europa Gruppen wie die »Identitäre Bewegung« an völkischen Reinheitsfantasien, die mit Vielfalt und Menschenrechten unvereinbar sind.[13] Und doch: Wo die Voraussetzungen für zivilgesellschaftliches Handeln angegriffen werden, droht demokratischen Ordnungen Gefahr. Vor diesem Hintergrund war 2020 kein gutes Jahr für die Demokratie.

In Zahlen ausgedrückt, stellt sich die Situation wie folgt dar: 2020 lebten weltweit nur drei Prozent der Menschen in offenen Gesellschaften. Und insgesamt 70 Prozent der Erdbevölkerung verteilen sich auf Staaten, deren Gesellschaft laut Civicus-Monitor als »unterdrückt« oder gar »geschlossen« eingestuft werden muss. Das sind über fünf Milliarden Menschen.[14] Demgegenüber stehen nur rund eine Milliarde Menschen, die sich weitgehend ungehindert versammeln, ihre Meinung äußern und für ihre Interessen eintreten können.[15] Kurz: In einem Staat mit offener Gesellschaft zu leben, war im vergangenen Jahr ein Privileg.

Besonders häufig kam es von November 2019 bis Oktober 2020 zu Festnahmen von Journalist:innen und Aktivist:innen. Aber auch mit Blick auf »Schikanierung und Einschüchterung« zivilgesellschaftlicher Gruppen sind die Zahlen im Vergleich zum Vorjahr sprunghaft angestiegen.[16] Und: Das Problem ist keineswegs ein außereuropäisches.

## Spaniens Knebelgesetz

Nach dem Vorbild Ungarns versuchen auch innerhalb der EU immer mehr Staaten, kritischen

(10) Hummel/Strachwitz 2021, S. 36; Zimmer, Annette: Die verschiedenen Dimensionen der Zivilgesellschaft, auf: bpb.de (31.5.2012).

(11) Weßels, Bernhard: Vereinte Kräfte – Demokratie braucht Zivilgesellschaft, auf: aktive-buergerschaft.de (31.10.2019).

(12) Habermas, Jürgen: Faktizität und Geltung. Beiträge zur Diskurstheorie des Rechts und des demokratischen Rechtsstaats, Frankfurt/Main 1992, S. 435.

(13) Sarwoko, Jasmin: Identitäre Bewegung als »rechtsextremistisch« eingestuft, auf: zdf.de (11.7.2019).

(14) Brot für die Welt 2021, S. 13.

(15) Ebd.

**Staaten, in denen während der Pandemie die Medienfreiheit eingeschränkt wurde**

Freedom House

(16) Ebd., S. 17.

(17) Zit. nach ebd., S. 43.

(18) Nevedomskaya, Tatyana: Im Knast in Belarus. Die brutale Wahrheit, auf: dw.com (15.8.2020).

(19) Krohn, Knut: Ein umstrittenes Gesetz und ein Sieg für Macron, auf: saarbruecker-zeitung.de (15.4.2021).

(20) Rights International Spain: Drei Jahre seit Verabschiedung des ›Knebelgesetzes‹ in Spanien, auf: liberties.eu (17.3.2018).

(21) Bethke, Felix; Wolf, Jonas: Die Corona-Pandemie als Bedrohung zivilgesellschaftlicher Handlungsspielräume, in: Forschungsjournal Soziale Bewegungen, (33)2020, Nr. 3, S. 673f; Orzechowski, Marcin u.a.: Balancing public health and civil liberties in times of pandemic, in: Journal of Public Health Policy, (42)2021, S. 147.

Stimmen aus der Zivilgesellschaft das Leben schwer zu machen. So wurden etwa in Slowenien drei Gesetze auf den Weg gebracht, die es der Regierung ermöglichen sollen, größeren Einfluss auf die Personalentscheidungen des öffentlich-rechtlichen Rundfunks zu bekommen und Budgets neu zu verteilen. In Polen wird weiterhin gegen LGBTQI*-Aktivist:innen gehetzt, und zwar unverblümt von oberster Stelle. Laut Staatspräsident Andrzej Duda etwa sind diese »keine Menschen, sondern eine Ideologie«.[17] Und in Belarus wurden infolge der Präsidentschaftswahlen Tausende friedlich protestierende Regierungsgegner:innen festgenommen und teilweise schwer misshandelt.[18]

Und auch in Westeuropa ist die Situation alles andere als optimal. So wurde in Frankreich Mitte April das höchst umstrittene »Gesetz für globale Sicherheit« vom Parlament angenommen. Es stellt unter anderem das Filmen bestimmter Polizeieinsätze unter Strafe. Kritiker:innen befürchten, dass dies zu einer Art Freibrief für Polizist:innen führen könne, denen insbesondere von migrantischen Interessengruppen unverhältnismäßiger Gewalteinsatz vorgeworfen wird.[19] In Spanien wurde bereits 2015 ein ähnliches Gesetz verabschiedet, das als »Knebelgesetz« bezeichnet wird und unter anderem die Versammlungsfreiheit einschränkt.[20]

### Freie Medien stören in Ungarn nur

Die Corona-Pandemie wirkte für diese Entwicklungen als Beschleuniger. Dass Krisensituationen gemeinhin als Stunde der Exekutive gelten, hat auch funktionale Gründe: So kann die Regierung in Krisenzeiten notwendige Maßnahmen vergleichsweise schnell durchsetzen. Im vergangenen Jahr wurde der Infektionsschutz jedoch auch für weitgehende Eingriffe in den Raum zivilgesellschaftlicher Selbstorganisation missbraucht.

In Europa war die Situation in Ungarn besonders dramatisch. Dort wurde am 30. März 2020 das »Gesetz zum Schutz vor dem Coronavirus« verabschiedet. Es verlängerte den bereits verhängten Notstand auf unbestimmte Zeit und erlaubt es der Regierung, ohne parlamentarische Kontrolle zu regieren. Und es greift massiv in die Freiheitsrechte ein, etwa indem es die Verbreitung von falschen oder verzerrenden Nachrichten als Verbrechen definiert, auf das mehrjährige Gefängnisstrafen stehen.[21] Jüngste Forderungen unabhängiger ungarischer Medien nach größerer Transparenz im Entscheidungsfindungsprozess und nach besseren Informationen über die Situation im ungarischen Gesundheitssystem wies die Regierung zurück. Ihre Begründung: Die Medien würden die Bekämpfung des Virus erschweren und verzerrte Darstellungen verbreiten.[22]

### Endlich abholzen!

Weitaus schlimmer ist die Situation jedoch in anderen Teilen der Welt. Unter Verweis auf Quarantänemaßnahmen wurden etwa in El Salvador rund 17.000 Menschen unter haftähnlichen Bedingungen in Quarantänezentren festgehalten. Zudem war es Militär und Polizei zeitweise erlaubt, in jede Privatwohnung einzudringen, wenn sie darin Corona-Infizierte vermuteten.[23] Und

Anzahl von Menschen, die in Staaten leben, in denen die Zivilgesellschaft ___ wird/ist

in Millionen, 2020

| geschlossen | unterdrückt | beschränkt | beeinträchtigt | offen |
|---|---|---|---|---|
| 1.992 | 3.383 | 1.422 | 719 | 263 |

Staaten, in denen demokratische Strukturen seit Beginn der Pandemie geschwächt wurden

in Brasilien sollte die Pandemie dazu genutzt werden, auf anderen Politikfeldern Tatsachen zu schaffen, während die öffentliche Aufmerksamkeit um das Virus kreiste. »Da die Presse sich ausschließlich mit Covid-19 beschäftigt«, so Umweltminister Ricardo Salles, »haben wir jetzt die Möglichkeit, uns das Amazonas-Thema vorzunehmen.«[24] Mit anderen Worten: Weil alle Welt auf das Virus schaute, konnte die Abholzung des Regenwaldes vorangetrieben werden.

Sicher, Tote können sich nicht mehr engagieren. Dass die Corona-Pandemie seit rund einem Jahr in aller Munde ist, ist angesichts dessen mehr als nachvollziehbar. Es braucht aber auch weiterhin diejenigen, die sich für die Rechte von Minderheiten einsetzen, diejenigen, die für einen umweltpolitischen Wandel eintreten und diejenigen, die Regierungshandeln mit Nachdruck kritisieren. Wird neben dem Virus auch die Zivilgesellschaft eingedämmt, könnte es ein böses Erwachen geben: gesund, aber unfrei. ♦

**DR. TOBIAS MÜLLER**
KATAPULT

(22) Schlagwein, Felix; Durucz, Dávid: Orbáns Kampf gegen Corona und schlechte Nachrichten, auf: dw.com (2.4.2021).

(23) Brot für die Welt 2021, S. 79.

(24) Zit. n. Brot für die Welt 2021, S. 28; Wille, Joachim: Der »Umweltzerstörungsminister«. Im Schatten der Corona-Krise werden in Brasilien die Regenwälder abgeholzt, auf: fr.de (28.5.2020).

ABWASSERNUTZUNG

# Die Toilette als Energiequelle

**Die weltweite Abwassermenge wird in den nächsten dreißig Jahren um die Hälfte ansteigen – gleichzeitig fließen aber 80 Prozent aller Abwässer ungeklärt in die Natur. Eine tödliche Gefahr für Mensch und Tier. Moderne Kläranlagen könnten nicht nur die Abwassermengen reinigen, sondern auch Strom und Wärme liefern.**

## VON **OLE KRACHT**

(1) Qadir, Manzoor u.a.: Global and regional potential of wastewater as a water, nutrient and energy source, in: Natural Resources Forum, (44)2020, S. 44.

(2) United Nations Statistics Division (Hg.): Population connected to wastewater treatment, auf: data.un.org.

(3) UNESCO World Water Assessment Programme (Hg.): The United Nations world water development report 2017, Paris 2017, S. 2.

(4) WHO (Hg.): Drinking-water key facts, auf: who.int (14.6.2019).

Jährlich fallen weltweit rund 380 Milliarden Kubikmeter Abwasser an. Durch das Wachstum der Weltbevölkerung wird sich diese Menge bis 2050 auf schätzungsweise 570 Milliarden Kubikmeter erhöhen.[1] Globale Lösungen für die Abwasserklärung werden deshalb immer nötiger. Denn während in vielen europäischen und westlichen Staaten im Schnitt 80 bis 100 Prozent der Einwohner an das Abwassernetz angeschlossen sind, ist die Lage im Rest der Welt oft deutlich schlechter.[2] Für viele Länder fehlen zwar belastbare Daten, die Angaben schwanken zwischen zwei und 100 Prozent. Insgesamt gelangen aber rund 80 Prozent der weltweiten Abwässer ungeklärt in die Umwelt.[3] Das stellt ein enormes Problem dar, denn sie beinhalten nicht nur Essensreste und menschliche Ausscheidungen. Auch Chemikalien und Giftstoffe werden auf diesem Wege in die Natur gespült.

Weltweit sind mindestens zwei Milliarden Menschen auf Wasserquellen angewiesen, die durch Fäkalien verunreinigt sind. Über das Trinkwasser können so Cholera, Diarrhö, Typhus und viele weitere Krankheiten übertragen werden. Die Weltgesundheitsorganisation (WHO) geht von jährlich über 800.000 Toten allein aufgrund von Durchfallerkrankungen aus.

Dabei trifft es vor allem Kinder.[4] Laut WHO und dem UN-Kinderhilfswerk Unicef stellen diese Zahlen aber nur die Spitze des Eisbergs dar, denn viele der Todesfälle werden nicht gemeldet oder nicht mit verunreinigtem Wasser in Verbindung gebracht. Die WHO schätzt, dass 2016 fast zwei Millionen Todesfälle hätten vermieden werden können, wenn es eine sichere Wasserversorgung und sanitäre Einrichtungen gegeben hätte.[5]

**Abwasser enthält die fünffache Menge an Energie, die für dessen Klärung notwendig ist**
Neben der notwendigen Abwasserreinigung könnten moderne Kläranlagen den betroffenen Ländern weitere Vorteile bieten. Ein Team um den Umweltwissenschaftler Manzoor Qadir hat eine Studie über das Potenzial von Abwässern als Energie- und Nährstoffquelle veröffentlicht. Darin berechnete er erstmals die gesamte weltweite Abwassermenge und zeigt Möglichkeiten auf, wie diese nutzbar gemacht werden kann. Denn in dem Wasser, das aus Dusche, Spüle und Toilette kommt, steckt nicht nur Schmutz, sondern auch viele Nährstoffe. Qadir zufolge könnten daraus weltweit rund 26 Millionen Tonnen Stickstoff, Kalium und Phosphor pro Jahr gewonnen wer-

# Ausgewählte Projekte zur Abwasseraufbereitung

## MADFORWATER-Projekt | Tunesien, Marokko und Ägypten

Testkonzepte zur Wasserreinigung und Wiederverwendung. Ein innovatives, biologisches Verfahren für die Reinigung von Textilabwässern. Geklärtes Wasser kann unter anderem in der Landwirtschaft genutzt werden.

## PIRAT-Systems | China

Deutsch-chinesisches Forschungsprojekt. Untersucht unter anderem die Entfernung und Rückgewinnung von Phosphor aus Abwasser. Bekannte Verfahren werden in chinesischen Anlagen getestet.

## Atotonilco | Mexiko

Die größte Kläranlage Lateinamerikas reinigt rund 60 Prozent des gesamten Abwassers aus dem Tal von Mexiko-Stadt und deckt über Biogas den eigenen Strombedarf.

## Dezentrale Abwasserklärung | Jordanien

Wasser kommt oft aus Trinkwasserspeichern und wird besonders auf dem Land nicht geklärt. Forscher haben ein naturnahes Wasseraufbereitungsverfahren entwickelt, bei dem das Abwasser durch natürliche Filterschichten sickert und das geklärte Wasser zur Bewässerung genutzt werden kann.

## Koyambedu | Indien

Abwasser wird im Umkehrosmose-verfahren gereinigt, vergleichbar mit den Anlagen in Singapur. Enorm energiesparend und kann bis zu 75 Prozent des Wassers wiederaufbereiten. Ist die größte und modernste Aufbereitungsanlage in Indien.

## Santiago-Biofabrik | Chile

Bis 2022 sollen die drei Kläranlagen der Hauptstadt Santiago de Chile klimaneutral werden. 100 Prozent der Abwässer aus der Metropolregion Santiago werden dann zu Fernwärme, Strom, Biogas und Dünger.

## VicInAqua-Projekt | Victoriasee

Der Victoriasee ist das größte Binnenfischerei-gewässer der Welt. Um Fischbestände im See zu schonen, werden Tiere in einer Aquakultur gezüchtet. Die Aquakultur-Kreislaufanlage nutzt aufbereitetes Wasser aus umliegenden Haushalten und wälzt das Wasser der Fischzuchtteiche um.

## Individuelle Abwasserlösung | Vietnam

Für einen Küstenstreifen wurde ein neues Konzept erarbeitet, bei dem das Abwasser nicht mehr in Gruben versickern, sondern durch ein Vakuumsystem gemeinsam mit Küchenabfällen aus Hotels behandelt werden soll. So entsteht Biogas, das die Hotels nutzen. Das saubere Wasser dient außerhalb der Regenzeit zur landwirtschaftlichen Bewässerung.

## SafeWaterAfrica | Südafrika und Mosambik

In abgelegenen Regionen kann Wasser für den Haushalt nachhaltig und kostengünstig desinfiziert werden. Die beiden Demonstratoreinheiten funktionieren autark und liefern täglich Trinkwasser für 300 Menschen.

**Potenzial nachhaltiger Abwasserklärung**

(5) WHO (Hg.): Estimating WASH-related burden of disease, auf: who.int.

(6) Qadir u.a. 2020, S. 45.

(7) Ebd., S. 47.

(8) Ebd.

(9) Stadt Wien (Hg.): Kläranlage wurde zum Öko-Kraftwerk, auf: wien.gv.at.

(10) Kotrba, David: Warum Abwasser eine wertvolle Ressource ist, auf: futurezone.at (13.3.2020).

den. Das würde nicht nur 13 Prozent des weltweiten Düngemittelbedarfs decken, sondern auch einen Umsatz von fast 14 Milliarden US-Dollar erzielen.[6] Phosphor kann aktuell mit einer Effektivität von 25 bis über 90 Prozent aus dem Abwasser gewonnen werden, je nach Investition und Technik. Um dieses Potenzial jedoch voll ausschöpfen zu können, sind laut Qadirs Team in den kommenden Jahren weitere Forschung und Investitionen notwendig.

Es klingt paradox, doch Abwasser enthält die fünffache Menge an Energie, die für dessen Klärung notwendig ist.[7] Die organischen Bestandteile etwa können in methanhaltiges Biogas umgewandelt werden. Schon heute versorgen sich einige Kläranlagen nur durch das Abwasser mit dem benötigten Strom, die Umrüstung findet vielerorts aber nur langsam statt. Doch das volle Potenzial der Energiegewinnung ist noch nicht ausgeschöpft: Es gibt bereits energiepositive Klärwerke, also Anlagen, die sowohl sich selbst mit Strom und Wärme versorgen als auch Städte und Gemeinden.

Wenn man die von Qadir prognostizierten Abwassermengen nimmt, könnte man im Jahr 2030 mehr als 195 Millionen Haushalte mit Strom aus der Abwasserklärung versorgen, 2050 wären es sogar fast 240 Millionen.[8] Das würde die Klärung des Abwassers nicht nur deutlich nachhaltiger machen, sondern auch für Standorte attraktiv, die aktuell nur wenig oder gar kein Abwasser klären. Besonders lohnt es sich für Regionen, in denen Menschen unzuverlässig oder gar nicht mit Strom versorgt werden. Auch die Abhängigkeit von weniger umweltfreundlichen Energiequellen würde so sinken.

**Zu viele Keime in recyceltem Wasser**
Unter anderem in Wien wurde dieses Konzept der energiepositiven Kläranlage bereits umgesetzt. Dort hat man das Hauptklärwerk um sechs jeweils 30 Meter hohe Faulbehälter erweitert. In diesen Behältern gärt der Klärschlamm, der zuvor aus dem Abwasser gefiltert, angedickt und auf 38 Grad Celsius erhitzt wurde. Luftdicht abgeschlossen, bauen Bakterien die organischen Inhaltsstoffe ab. Es entsteht ein Klärgas, das in Blockheizkraftwerken verbrannt wird. Die Wiener Kläranlage deckt so ihren Energiebedarf vollständig selbst und spart dadurch jährlich rund 40.000 Tonnen $CO_2$ ein.[9] Das Konzept dahinter ist nicht neu, es wurde jedoch bisher meist nur zur Verringerung der Schlammmenge und zur Einsparung von Entsorgungskosten genutzt.[10]

**KATAPULT**

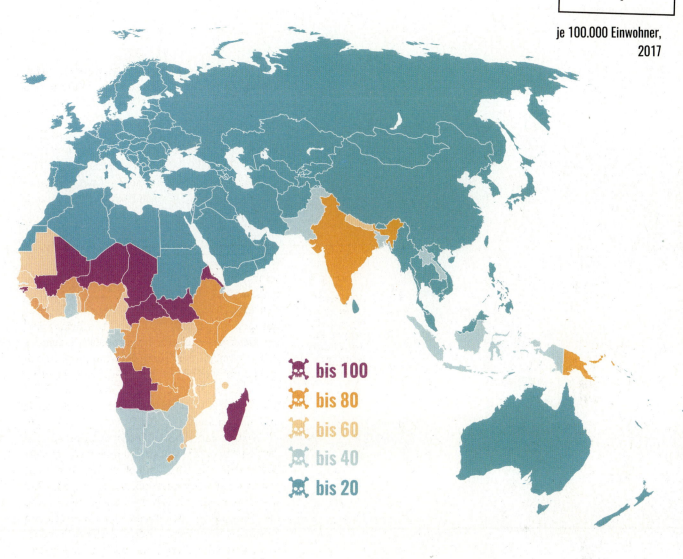

**Tote durch verunreinigte Wasserquellen**

je 100.000 Einwohner, 2017

☠ bis 100
☠ bis 80
☠ bis 60
☠ bis 40
☠ bis 20

Einen anderen Weg geht der Stadtstaat Singapur. Das Land war seit jeher von Wasserlieferungen abhängig, vor allem vom Nachbarstaat Malaysia. Mittlerweile deckt Singapur einen Großteil seines Wasserbedarfs eigenständig. Umkehrosmoseanlagen reinigen das Abwasser so, dass es wieder in den Wasserkreislauf zurückgeführt werden kann. Bei dem Prozess wird das Schmutzwasser durch Mikrofilter und Membranen gepresst und ultraviolett bestrahlt. Auf diese Weise sichert das Land mittlerweile rund 40 Prozent seines Trinkwasserbedarfs.[11] Diese Art der Trinkwassererzeugung steht jedoch in der Kritik, Bedenken äußert unter anderem der australische Mikrobiologe Peter Collignon: Recyceltes Wasser sei zwar sinnvoll für Industrie und Landwirtschaft, als Trinkwasser aber zu gefährlich. Die Fülle an Keimen und Erregern sowie der komplizierte Reinigungsprozess seien ein großes Risiko.[12]

Trotz all der Innovationen herrscht weiterhin ein großes Ungleichgewicht hinsichtlich der Verteilung von Trinkwasser, wie der Weltwasserbericht 2021 zeigt.[13] Afrika beispielsweise beherbergt lediglich neun Prozent der weltweiten Süßwassermenge. Diese sind darüber hinaus auch sehr ungleich verteilt. Sechs zentral- und westafrikanische Staaten verfügen über 54 Prozent der gesamten Wasserressourcen des Kontinents. Demgegenüber müssen sich über 20 afrikanische Staaten nur sieben Prozent der Reserven teilen. Mit dem Projekt »Africa Water Vision 2025« will die Afrikanische Union dem entgegenwirken. Wasserspeicher sollen sicherer und nachhaltiger werden. Aber auch bestehende Umweltprobleme sollen angepackt werden, wie beispielsweise die zunehmende Entwaldung, Verschmutzung und die Folgen fehlender sanitärer Einrichtungen.

(11) Wenger, Karin: Mit Innovation gegen Wassermangel, auf: srf.ch (25.10.2018).

(12) Handelsblatt (Hg.): Singapurs umstrittenes Wasser-Recycling, auf: handelsblatt.com (17.3.2014).

(13) UNESCO World Water Assessment Programme (Hg.): The United Nations world water development report 2021, Paris 2021.

# Anteil der Abwässer, die geklärt werden

in Prozent, 2018

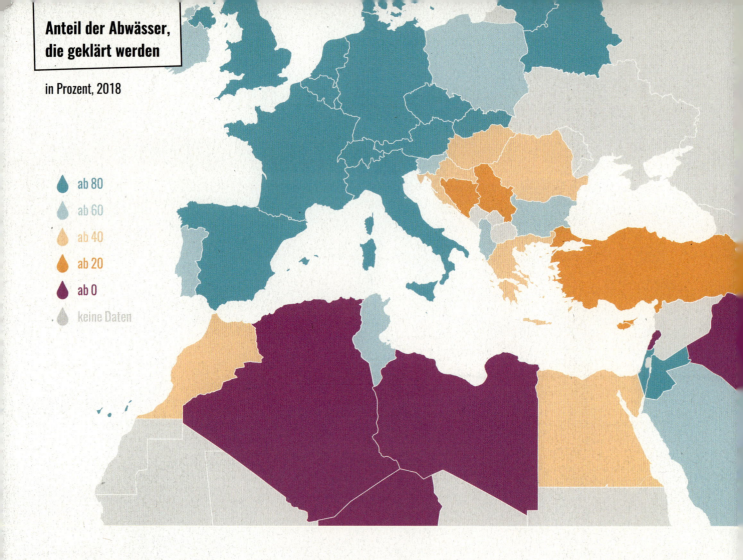

- ab 80
- ab 60
- ab 40
- ab 20
- ab 0
- keine Daten

Auch in Lateinamerika, der Karibik, Asien und dem Pazifikraum bündeln sich ähnliche Probleme: Wassermangel führt zu Konkurrenz einzelner Wirtschaftszweige um das vorhandene Wasser. Hinzu kommt die Wasserverschmutzung, die hier vor allem auf industrielle Verunreinigung und fehlende Abwasserklärung zurückzuführen ist. Den Staaten fehlt es oft an Mitteln, mutwillige Verschmutzung zu ahnden. Gleichzeitig fehlt es hinsichtlich der Klärung von Abwässern und Wasserrückgewinnung noch an Anreizen, obwohl es mit Malaysia, Japan und weiteren Staaten auch positive Beispiele gibt. Während in Europa der technologische Fortschritt zu immer moderneren Klärwerken führt, fehlen anderswo schon die einfachsten Anlagen.

Angesichts der steigenden Bevölkerungszahl und damit der zunehmenden Abwassermenge braucht es nachhaltige Konzepte zur Abwasserklärung. Für große, zersiedelte Länder bieten sich dezentrale, autarke Lösungen an. Dabei könnte die Kombination aus Abwasserklärung, Energieversorgung, Nährstoffgewinnung und der Verbesserung der Lebensqualität die notwendigen Anreize für Investitionen in moderne Anlagen schaffen.

**OLE KRACHT**
KATAPULT

# Trock'ne Zahlen

Maximales Bußgeld für Zigarettenstummel-aus-dem-Auto-Werfen
in Mecklenburg-Vorpommern

## 10 €

Maximales Bußgeld für Zigarettenstummel-aus-dem-Auto-Werfen
in Baden-Württemberg

## 250 €

Quelle: ADAC

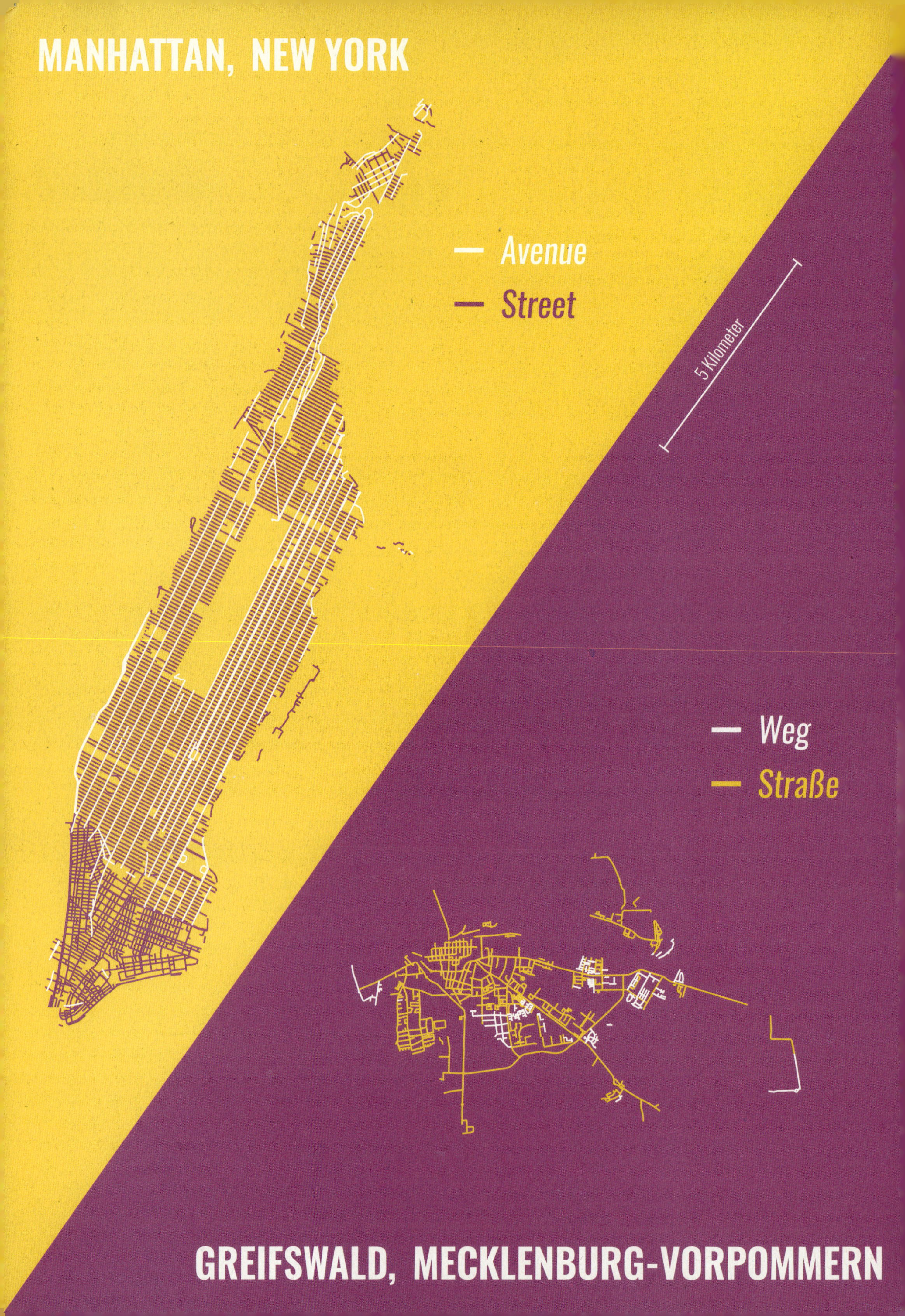

# MANHATTAN, NEW YORK

— Avenue

— Street

5 Kilometer

— Weg

— Straße

# GREIFSWALD, MECKLENBURG-VORPOMMERN

# Quellen zu den Karten und Grafiken

- **Verbreitung des Nilpferds (S. 14):** Castelblanco-Martínez, Nataly u.a.: A hippo in the room: Predicting the persistence and dispersion of an invasive mega-vertebrate in Colombia, South America, in: Biological Conservation, (253)2021.
- **Gletscher in Westösterreich (S. 15):** glaziologie.at.
- **Alle Achttausender (S. 16/17):** Branch, John: What Is a Summit?, auf: nytimes.com (12.5.2021).
- **Ab wie viel Zentimetern Schnee fällt in den USA die Schule aus? (S. 17):** Miles, Chris: Here's how many inches of snow it takes to cancel school in your state, auf: marketwatch.com (27.1.2015).
- **Anzahl erfolgreicher und gescheiterter Putschversuche 1950-2020 (S. 21):** Powell, Jonathan; Thyne, Clayton: Coups In The World, 1950-Present, auf: jonathanmpowell.com (2021); Chin, John u.a.: The Colpus Dataset, auf: johnjchin.com (2020).
- **Anzahl erfolgreicher und gescheiterter Coups d'État durch das Militär; ... gegen Demokratien (S. 22):** Chin, John u.a.: The Colpus Dataset, auf: johnjchin.com (2020).
- **Einfluss des Militärs auf die Regierungsbildung (S. 24); Demokratie und Militärputsche in ausgewählten Ländern (S. 25):** v-dem.net.
- **Stasi-Unterlagen (S. 26):** BStU (Hg.): Rekonstruktion zerrissener Stasi-Unterlagen, auf: bstu.de.
- **Die häufigsten Nachnamen in den schwedischen Provinzen (S. 27):** scb.se.
- **Straßenverkehrstote pro 100.000 Einwohner (S. 28/29):** WHO (Hg.): Global Status Report on Road Safety 2018, Genf 2018, S. 302ff.
- **Älteste Naturschutzgebiete in Deutschland (S. 31):** Bundesamt für Naturschutz: Naturschutzgebiete, auf: bfn.de.
- **Werner Bauch; Günther Niethammer; Alwin Seifert (S. 32):** eigene Recherche.
- **Umbenannte Vögel (S. 33):** Arnu, Titus: Skandal im Anflug, auf: sueddeutsche.de (22.2.2021); eigene Recherche.
- **Unternehmensgewinne in den USA (S. 36):** Ohrn, Eric: Corporate Tax Breaks and Executive Compensation, auf: grinnell.edu (Februar 2021).
- **Stapellauf / Untergang der Mary Rose (S. 37):** maryrose.org.
- **Woher kommen die Ausstellungsstücke im Pariser Musée du quai Branly? (S. 41):** Sarr, Felwine; Savoy, Bénédicte: The Restitution of African Cultural Heritage. Towards a New Relational Ethics, 2018, S. 148ff.
- **Wo es Benin-Bronzen zu sehen gibt (S. 42); Woher die Benin-Bronzen stammen (S. 43):** Mükke, Lutz: Die alten Konzepte gehen nicht mehr auf, auf: faz.net (12.4.2018); eigene Recherche.
- **Von Deutschland zurückgegebene menschliche Gebeine (S. 45):** Winkelmann, Andreas: Repatriations of human remains from Germany – 1911 to 2019, in: Museum & Society, (18)2020, Nr. 1, S. 41.
- **Wer gab Objekte ans Stuttgarter Linden-Museum? (S. 46):** Grimme, Gesa: Provenienzforschung im Projekt »Schwieriges Erbe: zum Umgang mit kolonialzeitlichen Objekten in ethnologischen Museen«. Abschlussbericht, 2018, S. 24.
- **Entkolonialisierung Afrikas (S. 47):** eigene Recherche.
- **Frauen in der Kunst (S. 48):** eigene Recherche.
- **Seegrenzen zwischen Großbritannien und Frankreich (S. 49):** marineregions.org.
- **Organspenden (S. 51):** DSO (Hg.): Jahresbericht. Organspende und Transplantation in Deutschland 2020, Frankfurt/Main 2021, S. 70.
- **Deutscher Import und Export von Organen (S. 51):** DSO (Hg.): Jahresbericht. Organspende und Transplantation in Deutschland 2019, Frankfurt/Main 2020, S. 76.
- **Wie lange wartet man auf eine Niere? (S. 52):** Deutsche Transplantationsgesellschaft (Hg.): »Wir brauchen kreative Lösungen im Bereich der Lebendspende«, auf: d-t-g-online.de (16.10.2020); eigene Recherche.
- **Warum haben sich Angehörige gegen eine Organspende nach Feststellung des Hirntodes entschieden? (S. 53):** DSO (Hg.): Keine Zustimmung zur Organspende – Gründe, auf: dso.de (15.1.2021).
- **Regelungen zur Organspende in Europa (S. 55):** eigene Recherche.
- **Der pro Jahr weltweit produzierte Beton ... (S. 56):** eigene Recherche.
- **Beteiligung an Open-Source-Projekten (S. 57):** github.com.
- **Wahlergebnisse der Fidesz und der MSZP (S. 59):** archive.ipu.org; eigene Recherche.
- **Veränderung der Einkommensverteilung (S. 60); Einkommensverteilung in Europa (S. 61):** ec.europa.eu.
- **Top 6 Import- und Exportpartner Ungarns (S. 62):** tradingeconomics.com.
- **Arbeitslosenquote in Ungarn (S. 63):** statista.com; eigene Recherche.
- **Wie gut findet die Arbeiterklasse die Fidesz und die MSZP? (S. 64):** Scheiring, Gábor: The Retreat of Liberal Democracy. Authoritarian Capitalism and the Accumulative State in Hungary, London 2020, S. 171.
- **Wie sind die Sitze im Parlament angeordnet? (S. 66/67):** @geoglobal_, auf: instagram.com (24.2.2021).
- **Anteil überschuldeter volljähriger Verbraucher (S. 69); Hauptgrund für Überschuldung (S. 71):** Creditreform (Hg.): SchuldnerAtlas Deutschland 2020, Neuss 2020, S. 79, 82.
- **Kriterien, von denen die Mehrheit glaubt, die Schufa nutze sie... / Kriterien, die die Schufa tatsächlich nutzt (S. 70):** SVRV (Hg.): Verbraucher-Scoring: Repräsentativbefragung zur Akzeptanz und Kenntnis über (neuartige) Scoring-Methoden, Bonn 2018, S. 14.
- **Würden Sie einen Krankenversicherungstarif nutzen...; Würden Sie einen Kfz-Versicherungstarif nutzen...? (S. 72/73):** SVRV (Hg.): Verbraucher-Scoring: Repräsentativbefragung zur Akzeptanz und Kenntnis über (neuartige) Scoring-Methoden, Bonn 2018, S. 21, 26.
- **Länder, in denen private beziehungsweise staatliche Kredit-Score-Systeme über 90 Prozent der Erwachsenen erfassen (S. 74):** worldbank.org.
- **Anteil atypisch Erwerbstätiger an allen Erwerbstätigen des Landes (S. 77):** statista.com.
- **Anteil atypischer Beschäftigungsformen in Deutschland und Polen (S. 77):** ec.europa.eu.
- **Alkoholkonsum pro Kopf (S. 78/79):** worldbank.org.
- **Gehirnregionen, die bei Alkoholkonsum beschädigt werden können (S. 80):** Quarks (Hg.): Alkohol: Das macht er in deinem Körper, auf: quarks.de (7.2.2020).
- **Welcher Blutalkoholwert hat welche Folgen? (S. 80):** Deutsches Krebsforschungszentrum (Hg.): Alkoholatlas Deutschland 2017, Heidelberg 2017, S. 21.
- **Veränderte Ausschüttung von Neurotransmittern bei Alkoholkonsum (S. 81):** Ferbert, Andreas: Neurologische Alkoholfolgeerkrankungen, auf: springermedizin.de.
- **Veränderung des Alkoholkonsums (S. 81):** ESA (Hg.): Alkohol | Trend, auf: esa-survey.de (3.9.2019).
- **Selbstberichtete Gründe für Alkoholkonsum unter Beschäftigten (S. 82):** DAK (Hg.): Gesundheitsreport 2019, Hamburg 2019, S. 136.
- **Freiheit der Zivilgesellschaft (S. 84/85):** brot-fuer-die-welt.de; monitor.civicus.org.
- **Mittel der Unterdrückung (S. 86):** Brot für die Welt (Hg.): Atlas der Zivilgesellschaft, Berlin 2021, S. 17.
- **Staaten, in denen während der Pandemie die Medienfreiheit eingeschränkt wurde (S. 87); Staaten, in denen demokratische Strukturen seit Beginn der Pandemie geschwächt wurden (S. 89):** freedomhouse.org.
- **Anzahl von Menschen, die in Staaten leben, in denen die Zivilgesellschaft ____ wird/ist (S. 88):** Brot für die Welt (Hg.): Atlas der Zivilgesellschaft, Berlin 2021, 10f.
- **Ausgewählte Projekte zur Abwasseraufbereitung (S. 91):** eigene Recherche.
- **Potenzial nachhaltiger Abwasserklärung (S. 92):** worldbank.org.
- **Tote durch verunreinigte Wasserquellen (S. 93); Anteil der Abwässer, die geklärt werden (S. 94):** ourworldindata.org.
- **Manhattan / Greifswald (S. 96):** Reddit-User nebnola (Idee); eigene Recherche.

# Richtigstellung zur 21. Ausgabe (April-Juni 2021)

- Der Text »**Das beste Kernkraftwerk der Welt**« (S. 13) nennt das Kernkraftwerk Zwentendorf das weltweit einzige, das nie in Betrieb ging. Das gilt aber auch für das Kernkraftwerk Bataan auf den Philippinen. Das Kernkraftwerk Kalkar haben wir nicht dazugezählt, weil dort zumindest der Kühlkreislauf in Betrieb genommen wurde. Außerdem wurde es inzwischen teilweise zurückgebaut.
- Nachtrag zur 20. Ausgabe: Bei der **Kreativ-Weltmeisterschaft (S. 87)** haben wir eine Grafik fälschlicherweise Wally Pruss zugeschrieben. Tatsächlich stammt sie von Anjana Pengel.

## Liebe Leserinnen und Leser

### Sie mögen unsere Karten? Unterstützen Sie uns finanziell, damit wir mehr Karten bauen und kreativ bleiben

**IBAN: DE60 1505 0500 0102 0499 80**

katapult-magazin.de/agb/unterstuetzen

Spendenbescheinigungen werden ausgestellt

**TIM EHLERS**
Grafik und Layout

# Titanic
## DAS ENDGÜLTIGE SATIREMAGAZIN

**Gold-glän**

Großes Jubiläum:

# DIE 500. AUSGBAE IST DA!

Titanic